INDICE

DE PROFUNDIS

... Suffering is one very long moment. We cannot divide it by seasons. We can only record its moods, and chronicle their return. With us time itself does not progress. It revolves. It seems to circle round one centre of pain. The paralysing immobility of a life every circumstance of which is regulated after an unchangeable pattern, so that we eat and drink and lie down and pray, or kneel at least for prayer, according to the inflexible laws of an iron formula: this immobile quality, that makes each dreadful day in the very minutest detail like its brother, seems to communicate itself to those external forces the very essence of whose existence is ceaseless change. Of seed-time or harvest, of the reapers bending over the corn, or the grape gatherers threading through the vines, of the grass in the orchard made white with broken blossoms or strewn with fallen fruit: of these we know nothing and can know nothing.

For us there is only one season, the season of sorrow. The very sun and moon seem taken from us. Outside, the day may be blue and gold, but the light that creeps down through the thickly-muffled glass of the small iron-barred window beneath which one sits is grey and niggard. It is always twilight in one's cell, as it is always twilight in one's heart. And in the sphere of thought, no less than in the sphere of time, motion is no more. The thing that you personally have long ago forgotten, or can easily forget, is happening to me now, and will happen to me again to-morrow. Remember this, and you will be able to understand a little of why I am writing, and in this manner writing...

A week later, I am transferred here. Three more months go over and my mother dies. No one knew how deeply I loved and honoured her. Her death was terrible to me; but I, once a lord of language, have no words in which to express my anguish and my shame. She and my father had bequeathed me a name they had made noble and honoured, not merely in literature, art, archaeology, and science, but in the public history of my own country, in its evolution as a nation. I had disgraced that name eternally. I had made it a low by-word among low people. I had dragged it through the very mire. I had given it to brutes that they might make it brutal, and to fools that they might turn it into a synonym for folly.

De Profundis / The Ballad of Reading Gaol
De profundis / La balada de la cárcel de Reading

Oscar Wilde

De Profundis
The Ballad of Reading Gaol
De profundis
La balada de la cárcel de Reading

Texto paralelo bilingüe
Bilingual edition

Ingles - Español
English - Spanish

texto en español, traducido del inglés por Guillermo Tirelli

Rosetta Edu

Título original: *De Profundis / The Ballad of Reading Gaol*

Primera publicación: *De Profundis,* 1897. *The Ballad of Reading Gaol,*1898. Transcrito de la edición de 1913 de Methuen & Co.

Ilustración de tapa: Fotografía de la puerta de la celda de Oscar Wilde en la prisión de Reading.

Primera edición: Octubre 2023

Publicado por Rosetta Edu
Londres, Octubre 2023
www.rosettaedu.com

ISBN: 978-1-916939-13-4

Rosetta Edu
Ediciones bilingües

Páginas enfrentadas
Páginas enfrentadas de la traducción y texto original en libros impresos.

Párrafos alineados en libros impresos
En libros impresos, los párrafos alineados entre los dos idiomas facilitan la comparación y la comprensión, ahorrando la necesidad de referirse constantemente al diccionario.

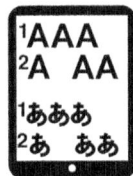

Párrafos enlazados en libros electrónicos
En libros electrónicos la comparación y la comprensión son facilitadas por citas al pie colocadas al principio de cada párrafo enlazando el texto en el idioma original y su traducción.

Integridad y fidelidad
Traducciones íntegras, fieles y no abreviadas del texto original.

Cuidado del vocabulario
Traducciones especiales para ediciones bilingües, con especial cuidado por la hegemonía de vocabulario utilizando glosarios en el proceso de traducción.

Contexto educativo
Ediciones enfocadas a estudiantes intermedios y avanzados del idioma original del texto en libros coleccionables y aptos para el contexto educativo.

DE PROFUNDIS

... El sufrimiento es un solo momento largo. No podemos dividirlo por estaciones, sólo podemos registrar sus estados de ánimo y hacer la crónica de su regreso. Con nosotros el tiempo en sí no progresa, gira, parece dar vueltas alrededor de un centro de dolor. La inmovilidad paralizante de una vida en la que cada circunstancia está regulada según un patrón inmutable, de modo que comemos y bebemos y nos acostamos y rezamos, o nos arrodillamos al menos para rezar, según las leyes inflexibles de una fórmula de hierro: esta cualidad inmóvil, que hace que cada espantoso día se parezca en el más mínimo detalle a su hermano, parece comunicarse a esas fuerzas externas cuya esencia misma es el cambio incesante. De la época de la siembra o de la cosecha, de los segadores inclinados sobre el maíz, o de los vendimiadores ensartando las vides, de la hierba en el huerto blanqueada por las flores rotas o sembrada de frutos caídos: de todo esto no sabemos ni podemos saber nada.

Para nosotros sólo hay una estación, la estación de la tristeza. El sol y la luna parecen habernos sido arrebatados. Fuera, el día puede ser azul y dorado pero la luz que se cuela por el grueso cristal de la pequeña ventana de barrotes de hierro bajo la que uno se sienta es gris y está ennegrecida. Siempre es crepúsculo en la celda de uno, como siempre es crepúsculo en el corazón de uno. Y en la esfera del pensamiento, no menos que en la esfera del tiempo, el movimiento ya no existe. Lo que tú personalmente has olvidado hace tiempo, o puedes olvidar fácilmente, me está sucediendo ahora y me volverá a suceder mañana. Recuerda esto y podrás comprender un poco por qué escribo, y de esta manera escribo...

Una semana más tarde, me trasladan aquí. Pasan tres meses más y mi madre muere. Nadie sabía lo profundamente que yo la amaba y la honraba. Su muerte fue terrible para mí; pero yo, otrora señor de la lengua, no tengo palabras para expresar mi angustia y mi vergüenza. Ella y mi padre me habían legado un nombre que habían convertido en noble y honrado, no sólo en la literatura, el arte, la arqueología y la ciencia, sino en la historia pública de mi propio país, en su evolución como nación. Yo había deshonrado eternamente ese nombre, lo había convertido en una palabra vulgar entre gente vulgar, lo había arrastrado por el fango mismo. Se lo había dado a los brutos para que lo convirtieran en brutal, y a los tontos para que lo convirtieran en sinónimo de locura.

What I suffered then, and still suffer, is not for pen to write or paper to record. My wife, always kind and gentle to me, rather than that I should hear the news from indifferent lips, travelled, ill as she was, all the way from Genoa to England to break to me herself the tidings of so irreparable, so irremediable, a loss. Messages of sympathy reached me from all who had still affection for me. Even people who had not known me personally, hearing that a new sorrow had broken into my life, wrote to ask that some expression of their condolence should be conveyed to me...

Three months go over. The calendar of my daily conduct and labour that hangs on the outside of my cell door, with my name and sentence written upon it, tells me that it is May... .

Prosperity, pleasure and success, may be rough of grain and common in fibre, but sorrow is the most sensitive of all created things. There is nothing that stirs in the whole world of thought to which sorrow does not vibrate in terrible and exquisite pulsation. The thin beaten-out leaf of tremulous gold that chronicles the direction of forces the eye cannot see is in comparison coarse. It is a wound that bleeds when any hand but that of love touches it, and even then must bleed again, though not in pain.

Where there is sorrow there is holy ground. Some day people will realise what that means. They will know nothing of life till they do, - and natures like his can realise it.

When I was brought down from my prison to the Court of Bankruptcy, between two policemen, - waited in the long dreary corridor that, before the whole crowd, whom an action so sweet and simple hushed into silence, he might gravely raise his hat to me, as, handcuffed and with bowed head, I passed him by. Men have gone to heaven for smaller things than that.

It was in this spirit, and with this mode of love, that the saints knelt down to wash the feet of the poor, or stooped to kiss the leper on the cheek. I have never said one single word to him about what he did. I do not know to the present moment whether he is aware that I was even conscious of his action. It is not a thing for which one can ren-

Lo que sufrí entonces, y sigo sufriendo, no es para que lo escriba la pluma o lo registre el papel. Mi esposa, siempre amable y gentil conmigo, en lugar de que yo oyera la noticia de labios indiferentes, viajó, enferma como estaba, desde Génova hasta Inglaterra para comunicarme ella misma la noticia de una pérdida tan irreparable, tan irremediable. Me llegaron mensajes de condolencia de todos los que aún me tenían afecto. Incluso personas que no me habían conocido personalmente, al enterarse de que una nueva pena había irrumpido en mi vida, me escribieron para pedir que me transmitieran alguna expresión de su pésame...

Pasan tres meses. El calendario de mi conducta y trabajo diarios que cuelga en el exterior de la puerta de mi celda, con mi nombre y condena escritos en él, me dice que estamos en mayo... .

La prosperidad, el placer y el éxito pueden ser ásperos de grano y comunes en fibra pero la pena es la más sensible de todas las cosas creadas. No hay nada que se agite en todo el mundo del pensamiento por lo que la pena no vibre en terrible y exquisita pulsación. La delgada hoja batida de oro trémulo que relata la dirección de fuerzas que el ojo no puede ver es, en comparación, tosca. Es una herida que sangra cuando cualquier mano que no sea la del amor la toca e incluso entonces debe sangrar de nuevo, aunque no con dolor.

Donde hay dolor hay tierra santa. Algún día la gente se dará cuenta de lo que eso significa. No sabrán nada de la vida hasta que lo hagan, y naturalezas como la de él pueden darse cuenta de ello.

Cuando me bajaron de mi prisión al Tribunal de Quiebras, entre dos policías... esperó en el largo y lúgubre pasillo para que, ante toda la multitud, a la que una acción tan dulce y sencilla acallaba en silencio, él pudiera levantar gravemente el sombrero ante mí, mientras, esposado y con la cabeza inclinada, yo pasaba a su lado. Los hombres han ido al cielo por cosas más pequeñas que ésa.

Fue con ese espíritu y con ese modo de amar con el que los santos se arrodillaron para lavar los pies de los pobres o se inclinaron para besar al leproso en la mejilla. Nunca le he dicho ni una sola palabra sobre lo que hizo. No sé hasta el momento presente si es consciente siquiera de que yo fui consciente de su acción. No es una cosa por la que uno pueda

11

der formal thanks in formal words. I store it in the treasure-house of my heart. I keep it there as a secret debt that I am glad to think I can never possibly repay. It is embalmed and kept sweet by the myrrh and cassia of many tears. When wisdom has been profitless to me, philosophy barren, and the proverbs and phrases of those who have sought to give me consolation as dust and ashes in my mouth, the memory of that little, lovely, silent act of love has unsealed for me all the wells of pity: made the desert blossom like a rose, and brought me out of the bitterness of lonely exile into harmony with the wounded, broken, and great heart of the world.

When people are able to understand, not merely how beautiful -'s action was, but why it meant so much to me, and always will mean so much, then, perhaps, they will realise how and in what spirit they should approach me...

The poor are wise, more charitable, more kind, more sensitive than we are. In their eyes prison is a tragedy in a man's life, a misfortune, a casualty, something that calls for sympathy in others. They speak of one who is in prison as of one who is 'in trouble' simply. It is the phrase they always use, and the expression has the perfect wisdom of love in it. With people of our own rank it is different.

With us, prison makes a man a pariah. I, and such as I am, have hardly any right to air and sun. Our presence taints the pleasures of others. We are unwelcome when we reappear. To revisit the glimpses of the moon is not for us. Our very children are taken away. Those lovely links with humanity are broken. We are doomed to be solitary, while our sons still live. We are denied the one thing that might heal us and keep us, that might bring balm to the bruised heart, and peace to the soul in pain...

I must say to myself that I ruined myself, and that nobody great or small can be ruined except by his own hand. I am quite ready to say so. I am trying to say so, though they may not think it at the present moment. This pitiless indictment I bring without pity against myself. Terrible as was what the world did to me, what I did to myself was far more terrible still.

dar las gracias con palabras formales. La guardo en el tesoro de mi corazón. La guardo allí como una deuda secreta que me alegra pensar que nunca podré pagar. Está embalsamada y se mantiene dulce por la mirra y la casia de muchas lágrimas. Cuando la sabiduría ha sido inútil para mí, la filosofía estéril y los proverbios y frases de quienes han tratado de darme consuelo como polvo y ceniza en mi boca, el recuerdo de ese pequeño, encantador y silencioso acto de amor ha quitado el precinto de todos los pozos de la piedad: ha hecho florecer el desierto como una rosa y me ha sacado de la amargura del exilio solitario para ponerme en armonía con el corazón herido, roto y grande del mundo.

Cuando la gente sea capaz de comprender, no sólo lo hermosa que fue la acción de ... sino por qué significó tanto para mí y siempre significará tanto, entonces, quizás, se darán cuenta de cómo y con qué espíritu deben acercarse a mí...

Los pobres son más sabios, más caritativos, más amables, más sensibles que nosotros. A sus ojos, la prisión es una tragedia en la vida de un hombre, una desgracia, una casualidad, algo que reclama la simpatía de los demás. Hablan de alguien que está en la cárcel como de alguien que simplemente está «en apuros». Es la frase que utilizan siempre y la expresión tiene la perfecta sabiduría del amor en ella. Con la gente de nuestro rango es diferente.

Con nosotros, la cárcel convierte a un hombre en un paria. Yo, tal como soy, apenas tengo derecho al aire y al sol. Nuestra presencia empaña los placeres de los demás. No somos bienvenidos cuando reaparecemos. Volver a visitar los destellos de la luna no es para nosotros. Nos arrebatan a nuestros propios hijos. Esos encantadores vínculos con la humanidad se rompen. Estamos condenadas a la soledad, mientras nuestros hijos aún viven. Se nos niega lo único que podría curarnos y mantenernos, lo que podría traer bálsamo al corazón magullado y paz al alma en pena...

Debo decirme a mí mismo que me arruiné y que nadie, grande o pequeño, puede arruinarse si no es por su propia mano. Estoy dispuesto a decirlo. Intento decirlo, aunque no lo piensen en este momento. Esta despiadada acusación la formulo sin piedad contra mí mismo. Por terrible que fuera lo que el mundo me hizo, lo que me hice a mí mismo fue mucho más terrible aún.

I was a man who stood in symbolic relations to the art and culture of my age. I had realised this for myself at the very dawn of my manhood, and had forced my age to realise it afterwards. Few men hold such a position in their own lifetime, and have it so acknowledged. It is usually discerned, if discerned at all, by the historian, or the critic, long after both the man and his age have passed away. With me it was different. I felt it myself, and made others feel it. Byron was a symbolic figure, but his relations were to the passion of his age and its weariness of passion. Mine were to something more noble, more permanent, of more vital issue, of larger scope.

The gods had given me almost everything. But I let myself be lured into long spells of senseless and sensual ease. I amused myself with being a *flâneur*, a dandy, a man of fashion. I surrounded myself with the smaller natures and the meaner minds. I became the spendthrift of my own genius, and to waste an eternal youth gave me a curious joy. Tired of being on the heights, I deliberately went to the depths in the search for new sensation. What the paradox was to me in the sphere of thought, perversity became to me in the sphere of passion. Desire, at the end, was a malady, or a madness, or both. I grew careless of the lives of others. I took pleasure where it pleased me, and passed on. I forgot that every little action of the common day makes or unmakes character, and that therefore what one has done in the secret chamber one has some day to cry aloud on the housetop. I ceased to be lord over myself. I was no longer the captain of my soul, and did not know it. I allowed pleasure to dominate me. I ended in horrible disgrace. There is only one thing for me now, absolute humility.

I have lain in prison for nearly two years. Out of my nature has come wild despair; an abandonment to grief that was piteous even to look at; terrible and impotent rage; bitterness and scorn; anguish that wept aloud; misery that could find no voice; sorrow that was dumb. I have passed through every possible mood of suffering. Better than Wordsworth himself I know what Wordsworth meant when he said -

'Suffering is permanent, obscure, and dark
    And has the nature of infinity.'

Yo era un hombre que mantenía relaciones simbólicas con el arte y la cultura de mi época. Me había dado cuenta de ello en los albores mismos de mi virilidad y había obligado a mi época a darse cuenta de ello después. Pocos hombres ocupan una posición semejante en vida y se les reconoce en tal manera. Suele discernirla, si es que la discierne, el historiador, o el crítico, mucho después de que tanto el hombre como su época hayan perimido. Conmigo fue diferente. Yo mismo lo sentí e hice que otros lo sintieran. Byron era una figura simbólica pero sus relaciones eran con la pasión de su época y su cansancio de la pasión. Las mías eran con algo más noble, más permanente, un asunto más vital, de mayor alcance.

Los dioses me lo habían dado casi todo. Pero me dejé llevar por largas rachas de desenfado sensual y sin sentido. Me divertí siendo un *flâneur*, un dandy, un hombre de moda. Me rodeé de las naturalezas más pequeñas y las mentes más mezquinas. Me convertí en el derrochador de mi propio genio, y malgastar una eterna juventud me proporcionaba una curiosa alegría. Cansado de estar en las alturas, fui deliberadamente a las profundidades en busca de nuevas sensaciones. Lo que la paradoja era para mí en la esfera del pensamiento, la perversidad se convirtió para mí en la esfera de la pasión. El deseo, al final, era una enfermedad, o una locura, o ambas cosas. Me volví despreocupado de la vida de los demás. Me complacía donde me complacía y seguía adelante. Olvidé que cada pequeña acción en el día común hace o deshace el carácter y que, por lo tanto, lo que uno ha hecho en el secreto de su habitación tiene algún día que gritarlo en voz alta sobre el techo de su casa. Dejé de ser señor de mí mismo. Ya no era el capitán de mi alma y no lo sabía. Dejé que el placer me dominara. Acabé en una horrible desgracia. Ahora sólo me queda una cosa: la humildad absoluta.

He permanecido en prisión durante casi dos años. De mi naturaleza ha surgido una desesperación salvaje, un abandono a la pena que daba lástima incluso mirarla, una rabia terrible e impotente, amargura y desprecio, angustia que lloraba en voz alta, miseria que no encontraba voz, pena que enmudecía. He pasado por todos los estados de ánimo posibles del sufrimiento. Mejor que el propio Wordsworth sé lo que Wordsworth quiso decir cuando dijo,

«El sufrimiento es permanente, oscuro y tenebroso
y tiene la naturaleza del infinito».

But while there were times when I rejoiced in the idea that my sufferings were to be endless, I could not bear them to be without meaning. Now I find hidden somewhere away in my nature something that tells me that nothing in the whole world is meaningless, and suffering least of all. That something hidden away in my nature, like a treasure in a field, is Humility.

It is the last thing left in me, and the best: the ultimate discovery at which I have arrived, the starting-point for a fresh development. It has come to me right out of myself, so I know that it has come at the proper time. It could not have come before, nor later. Had any one told me of it, I would have rejected it. Had it been brought to me, I would have refused it. As I found it, I want to keep it. I must do so. It is the one thing that has in it the elements of life, of a new life, *vita nuova* for me. Of all things it is the strangest. One cannot acquire it, except by surrendering everything that one has. It is only when one has lost all things, that one knows that one possesses it.

Now I have realised that it is in me, I see quite clearly what I ought to do; in fact, must do. And when I use such a phrase as that, I need not say that I am not alluding to any external sanction or command. I admit none. I am far more of an individualist than I ever was. Nothing seems to me of the smallest value except what one gets out of oneself. My nature is seeking a fresh mode of self-realisation. That is all I am concerned with. And the first thing that I have got to do is to free myself from any possible bitterness of feeling against the world.

I am completely penniless, and absolutely homeless. Yet there are worse things in the world than that. I am quite candid when I say that rather than go out from this prison with bitterness in my heart against the world, I would gladly and readily beg my bread from door to door. If I got nothing from the house of the rich I would get something at the house of the poor. Those who have much are often greedy; those who have little always share. I would not a bit mind sleeping in the cool grass in summer, and when winter came on sheltering myself by the warm close-thatched rick, or under the penthouse of a great barn, provided I had love in my heart. The external things of life seem to me now of no importance at all. You can see to what intensity of individualism I have arrived - or am arriving rather, for the journey is

Pero aunque hubo momentos en los que me regocijé con la idea de que mis sufrimientos iban a ser interminables, no podía soportar que carecieran de sentido. Ahora encuentro escondido en algún lugar de mi naturaleza algo que me dice que nada en el mundo entero carece de sentido y el sufrimiento menos que nada. Ese algo escondido en mi naturaleza, como un tesoro en un campo, es la Humildad.

Es lo último que queda en mí y lo mejor: el último descubrimiento al que he llegado, el punto de partida para un nuevo desarrollo. Me ha llegado directamente de mí mismo, por lo que sé que ha llegado en el momento oportuno. No podía haber llegado antes, ni después. Si alguien me hubiera hablado de ello, lo habría rechazado. Si me lo hubieran traído, lo habría rechazado. Tal como lo encontré, quiero conservarlo, debo hacerlo. Es lo único que tiene en sí los elementos de la vida, de una nueva vida, *vita nuova* para mí. De todas las cosas, es la más extraña. Uno no puede adquirirla, salvo renunciando a todo lo que tiene. Sólo cuando uno ha perdido todas las cosas, sabe que la posee.

Ahora que me he dado cuenta de que está en mí, veo con bastante claridad lo que tengo que hacer; de hecho, lo que debo hacer. Y cuando utilizo una frase como esa, no necesito decir que no estoy aludiendo a ninguna sanción o mandato externo. No admito ninguno. Soy mucho más individualista de lo que nunca fui. Nada me parece del menor valor excepto lo que uno saca de sí mismo. Mi naturaleza busca un nuevo modo de autorrealización. Eso es todo lo que me preocupa. Y lo primero que tengo que hacer es liberarme de cualquier posible amargura de sentimientos contra el mundo.

Estoy completamente sin un penique y absolutamente desamparado. Sin embargo, hay cosas peores en el mundo que eso. Soy muy sincero cuando digo que antes que salir de esta prisión con amargura en mi corazón contra el mundo, mendigaría gustoso y de buena gana mi pan de puerta en puerta. Si no obtengo nada de la casa del rico, obtendré algo en la casa del pobre. Los que tienen mucho suelen ser avaros; los que tienen poco siempre comparten. No me importaría en absoluto dormir en la fresca hierba en verano y cuando llegue el invierno cobijarme junto al cálido almiar de paja o bajo el ático de un gran granero, siempre que tuviera amor en mi corazón. Ahora, las cosas externas de la vida no me parecen importantes. Puedes ver a qué intensidad de individualismo he llegado... o estoy llegando más bien, pues el viaje es largo, y «por

long, and 'where I walk there are thorns.'

Of course I know that to ask alms on the highway is not to be my lot, and that if ever I lie in the cool grass at night-time it will be to write sonnets to the moon. When I go out of prison, R- will be waiting for me on the other side of the big iron-studded gate, and he is the symbol, not merely of his own affection, but of the affection of many others besides. I believe I am to have enough to live on for about eighteen months at any rate, so that if I may not write beautiful books, I may at least read beautiful books; and what joy can be greater? After that, I hope to be able to recreate my creative faculty.

But were things different: had I not a friend left in the world; were there not a single house open to me in pity; had I to accept the wallet and ragged cloak of sheer penury: as long as I am free from all resentment, hardness and scorn, I would be able to face the life with much more calm and confidence than I would were my body in purple and fine linen, and the soul within me sick with hate.

And I really shall have no difficulty. When you really want love you will find it waiting for you.

I need not say that my task does not end there. It would be comparatively easy if it did. There is much more before me. I have hills far steeper to climb, valleys much darker to pass through. And I have to get it all out of myself. Neither religion, morality, nor reason can help me at all.

Morality does not help me. I am a born antinomian. I am one of those who are made for exceptions, not for laws. But while I see that there is nothing wrong in what one does, I see that there is something wrong in what one becomes. It is well to have learned that.

Religion does not help me. The faith that others give to what is unseen, I give to what one can touch, and look at. My gods dwell in temples made with hands; and within the circle of actual experience is my creed made perfect and complete: too complete, it may be, for like many or all of those who have placed their heaven in this earth, I have found in it not merely the beauty of heaven, but the horror of

donde camino hay espinas».

Por supuesto, sé que pedir limosna en la carretera no va a ser mi suerte y que si alguna vez me acuesto en la fresca hierba por la noche será para escribir sonetos a la luna. Cuando salga de la cárcel, R... me estará esperando al otro lado de la gran reja tachonada de hierro y él es el símbolo, no sólo de su propio afecto, sino del afecto de muchos otros. Creo que tendré lo suficiente para vivir durante unos dieciocho meses como mínimo, de modo que si no puedo escribir libros hermosos, al menos podré leer libros hermosos; ¿y qué alegría puede ser mayor? Después de eso, espero poder recrear mi facultad creadora.

Pero si las cosas fueran diferentes: si no me quedara ni un amigo en el mundo, si no hubiera ni una sola casa abierta a mi compasión, si tuviera que aceptar la cartera y la capa raída de la pura penuria: mientras esté libre de todo resentimiento, dureza y desprecio, podría enfrentarme a la vida con mucha más calma y confianza de lo que lo haría si mi cuerpo estuviera vestido de púrpura y lino fino y el alma dentro de mí enferma de odio.

Y realmente no tendré ninguna dificultad. Cuando desees realmente el amor, lo encontrarás esperándote.

No necesito decir que mi tarea no termina ahí. Sería comparativamente fácil si así fuera. Hay mucho más ante mí. Tengo colinas mucho más empinadas que escalar, valles mucho más oscuros que atravesar. Y tengo que sacarlo todo de mí mismo. Ni la religión, ni la moral, ni la razón pueden ayudarme en absoluto.

La moral no me ayuda. Soy un antinomiano nato. Soy de los que están hechos para las excepciones, no para las leyes. Pero aunque veo que no hay nada malo en lo que uno hace, veo que hay algo malo en lo que uno llega a ser. Es bueno haberlo aprendido.

La religión no me ayuda. La fe que otros dan a lo que no se ve, yo la doy a lo que se puede tocar y mirar. Mis dioses moran en templos hechos con manos y dentro del círculo de la experiencia real mi credo se hace perfecto y completo: demasiado completo, puede ser, pues como muchos o todos los que han puesto su cielo en esta tierra, he encontrado en ella no sólo la belleza del cielo, sino también el horror del infierno.

hell also. When I think about religion at all, I feel as if I would like to found an order for those who *cannot* believe: the Confraternity of the Faithless, one might call it, where on an altar, on which no taper burned, a priest, in whose heart peace had no dwelling, might celebrate with unblessed bread and a chalice empty of wine. Every thing to be true must become a religion. And agnosticism should have its ritual no less than faith. It has sown its martyrs, it should reap its saints, and praise God daily for having hidden Himself from man. But whether it be faith or agnosticism, it must be nothing external to me. Its symbols must be of my own creating. Only that is spiritual which makes its own form. If I may not find its secret within myself, I shall never find it: if I have not got it already, it will never come to me.

Reason does not help me. It tells me that the laws under which I am convicted are wrong and unjust laws, and the system under which I have suffered a wrong and unjust system. But, somehow, I have got to make both of these things just and right to me. And exactly as in Art one is only concerned with what a particular thing is at a particular moment to oneself, so it is also in the ethical evolution of one's character. I have got to make everything that has happened to me good for me. The plank bed, the loathsome food, the hard ropes shredded into oakum till one's finger-tips grow dull with pain, the menial offices with which each day begins and finishes, the harsh orders that routine seems to necessitate, the dreadful dress that makes sorrow grotesque to look at, the silence, the solitude, the shame - each and all of these things I have to transform into a spiritual experience. There is not a single degradation of the body which I must not try and make into a spiritualising of the soul.

I want to get to the point when I shall be able to say quite simply, and without affectation that the two great turning-points in my life were when my father sent me to Oxford, and when society sent me to prison. I will not say that prison is the best thing that could have happened to me: for that phrase would savour of too great bitterness towards myself. I would sooner say, or hear it said of me, that I was so typical a child of my age, that in my perversity, and for that perversity's sake, I turned the good things of my life to evil, and the evil things of my life to good.

Cuando pienso en la religión en absoluto, siento como si quisiera fundar una orden para aquellos que *no* pueden creer: la Cofradía de los Sin Fe, podría llamarse, donde en un altar, en el que no ardiera ninguna vela, un sacerdote, en cuyo corazón no habitara la paz, pudiera celebrar con pan sin bendecir y un cáliz vacío de vino. Todo para ser verdadero debe convertirse en una religión. Y el agnosticismo debe tener su ritual no menos que la fe. Ha sembrado sus mártires, debe cosechar sus santos, y alabar a Dios diariamente por haberse ocultado al hombre. Pero ya sea la fe o el agnosticismo, no debe ser nada externo a mí. Sus símbolos deben ser de mi propia creación. Sólo es espiritual aquello que hace su propia forma. Si no puedo encontrar su secreto dentro de mí, nunca lo encontraré: si no lo tengo ya, nunca vendrá a mí.

La razón no me ayuda. Me dice que las leyes bajo las que estoy condenado son leyes erróneas e injustas y el sistema bajo el que he sufrido un sistema erróneo e injusto. Pero, de alguna manera, tengo que hacer que ambas cosas sean justas y correctas para mí. Y exactamente igual que en el Arte uno sólo se preocupa de lo que una cosa concreta es en un momento determinado para uno mismo, así ocurre también en la evolución ética del propio carácter. Tengo que hacer que todo lo que me ha sucedido sea bueno para mí. La cama de tablas, la comida repugnante, las cuerdas duras trituradas en roble hasta que las yemas de los dedos se embotan de dolor, los oficios serviles con los que empieza y termina cada día, las duras órdenes que la rutina parece necesitar, la vestimenta espantosa que hace que la pena sea grotesca a la vista, el silencio, la soledad, la vergüenza… todas y cada una de estas cosas tengo que transformarlas en una experiencia espiritual. No hay una sola degradación del cuerpo que no deba intentar convertir en una espiritualización del alma.

Quiero llegar al punto en que pueda decir con toda sencillez y sin afectación que los dos grandes momentos decisivos de mi vida fueron cuando mi padre me envió a Oxford y cuando la sociedad me envió a la cárcel. No diré que la cárcel es lo mejor que me ha podido pasar, porque esa frase tendría un sabor demasiado amargo hacia mí mismo. Preferiría decir, u oír decir de mí, que era un niño tan típico de mi edad, que en mi perversidad, y por esa perversidad, convertí las cosas buenas de mi vida en malas, y las cosas malas de mi vida en buenas.

What is said, however, by myself or by others, matters little. The important thing, the thing that lies before me, the thing that I have to do, if the brief remainder of my days is not to be maimed, marred, and incomplete, is to absorb into my nature all that has been done to me, to make it part of me, to accept it without complaint, fear, or reluctance. The supreme vice is shallowness. Whatever is realised is right.

When first I was put into prison some people advised me to try and forget who I was. It was ruinous advice. It is only by realising what I am that I have found comfort of any kind. Now I am advised by others to try on my release to forget that I have ever been in a prison at all. I know that would be equally fatal. It would mean that I would always be haunted by an intolerable sense of disgrace, and that those things that are meant for me as much as for anybody else - the beauty of the sun and moon, the pageant of the seasons, the music of daybreak and the silence of great nights, the rain falling through the leaves, or the dew creeping over the grass and making it silver - would all be tainted for me, and lose their healing power, and their power of communicating joy. To regret one's own experiences is to arrest one's own development. To deny one's own experiences is to put a lie into the lips of one's own life. It is no less than a denial of the soul.

For just as the body absorbs things of all kinds, things common and unclean no less than those that the priest or a vision has cleansed, and converts them into swiftness or strength, into the play of beautiful muscles and the moulding of fair flesh, into the curves and colours of the hair, the lips, the eye; so the soul in its turn has its nutritive functions also, and can transform into noble moods of thought and passions of high import what in itself is base, cruel and degrading; nay, more, may find in these its most august modes of assertion, and can often reveal itself most perfectly through what was intended to desecrate or destroy.

The fact of my having been the common prisoner of a common gaol I must frankly accept, and, curious as it may seem, one of the things I shall have to teach myself is not to be ashamed of it. I must accept it as a punishment, and if one is ashamed of having been punished, one might just as well never have been punished at all. Of course

Lo que se diga, sin embargo, por mí mismo o por otros, importa poco. Lo importante, lo que tengo ante mí, lo que tengo que hacer, si no quiero que el breve resto de mis días quede mutilado, estropeado e incompleto, es absorber en mi naturaleza todo lo que se me ha hecho, hacerlo parte de mí, aceptarlo sin quejas, miedos ni reticencias. El vicio supremo es la superficialidad. Lo que se realiza está bien.

Cuando me metieron en la cárcel por primera vez, algunas personas me aconsejaron que intentara olvidar quién era. Fue un consejo ruinoso. Sólo al darme cuenta de lo que soy he encontrado algún tipo de consuelo. Ahora otros me aconsejan que, al salir, intente olvidar que alguna vez he estado en la cárcel. Sé que eso sería igualmente fatal. Significaría que siempre me perseguiría una intolerable sensación de desgracia, y que aquellas cosas que están destinadas a mí tanto como a cualquier otra persona —la belleza del sol y la luna, el desfile de las estaciones, la música del amanecer y el silencio de las grandes noches, la lluvia cayendo a través de las hojas o el rocío arrastrándose sobre la hierba, haciéndola plateada— estarían todas manchadas para mí y perderían su poder curativo y su poder de comunicar alegría. Lamentar las propias experiencias es detener el propio desarrollo. Negar las propias experiencias es poner una mentira en boca de la propia vida. Es nada menos que una negación del alma.

Porque así como el cuerpo absorbe cosas de todo tipo, cosas comunes e impuras no menos que aquellas que el sacerdote o una visión han limpiado, y las convierte en rapidez o fuerza, en el juego de los músculos bellos y el moldeado de la carne hermosa, en las curvas y colores del cabello, los labios, el ojo; así el alma, a su vez, también tiene sus funciones nutritivas y puede transformar en nobles estados de ánimo de pensamiento y pasiones de gran importancia lo que en sí mismo es bajo, cruel y degradante; es más, puede encontrar en ellos sus modos más augustos de afirmación y a menudo puede revelarse más perfectamente a través de lo que se pretendía profanar o destruir.

El hecho de haber sido un preso común de una cárcel común debo aceptarlo francamente y, por curioso que parezca, una de las cosas que tendré que enseñarme a mí mismo es a no avergonzarme de ello. Debo aceptarlo como un castigo y, si uno se avergüenza de haber sido castigado, bien podría no haber sido castigado nunca. Por supuesto que hay

there are many things of which I was convicted that I had not done, but then there are many things of which I was convicted that I had done, and a still greater number of things in my life for which I was never indicted at all. And as the gods are strange, and punish us for what is good and humane in us as much as for what is evil and perverse, I must accept the fact that one is punished for the good as well as for the evil that one does. I have no doubt that it is quite right one should be. It helps one, or should help one, to realise both, and not to be too conceited about either. And if I then am not ashamed of my punishment, as I hope not to be, I shall be able to think, and walk, and live with freedom.

Many men on their release carry their prison about with them into the air, and hide it as a secret disgrace in their hearts, and at length, like poor poisoned things, creep into some hole and die. It is wretched that they should have to do so, and it is wrong, terribly wrong, of society that it should force them to do so. Society takes upon itself the right to inflict appalling punishment on the individual, but it also has the supreme vice of shallowness, and fails to realise what it has done. When the man's punishment is over, it leaves him to himself; that is to say, it abandons him at the very moment when its highest duty towards him begins. It is really ashamed of its own actions, and shuns those whom it has punished, as people shun a creditor whose debt they cannot pay, or one on whom they have inflicted an irreparable, an irremediable wrong. I can claim on my side that if I realise what I have suffered, society should realise what it has inflicted on me; and that there should be no bitterness or hate on either side.

Of course I know that from one point of view things will be made different for me than for others; must indeed, by the very nature of the case, be made so. The poor thieves and outcasts who are imprisoned here with me are in many respects more fortunate than I am. The little way in grey city or green field that saw their sin is small; to find those who know nothing of what they have done they need go no further than a bird might fly between the twilight and the dawn; but for me the world is shrivelled to a handsbreadth, and everywhere I turn my name is written on the rocks in lead. For I have come, not from obscurity into the momentary notoriety of crime, but from a sort of eternity of fame to a sort of eternity of infamy, and sometimes seem to myself to have shown, if indeed it required showing, that be-

muchas cosas por las que fui condenado que no había hecho, pero también hay muchas cosas por las que fui condenado que había hecho, y un número aún mayor de cosas en mi vida por las que nunca fui acusado en absoluto. Y como los dioses son extraños, y nos castigan tanto por lo que hay de bueno y humano en nosotros como por lo que hay de malo y perverso, debo aceptar el hecho de que uno sea castigado tanto por el bien como por el mal que hace. No me cabe duda de que es justo que así sea. Le ayuda a uno, o debería ayudarle, darse cuenta de ambas cosas, y no envanecerse demasiado de ninguna. Y si entonces no me avergüenzo de mi castigo, como espero no hacerlo, podré pensar, y caminar, y vivir con libertad.

Muchos hombres al salir de la cárcel se llevan su prisión a cuestas y la esconden como una desgracia secreta en sus corazones y, al final, como pobres cosas envenenadas, se arrastran hasta algún agujero y mueren. Es desdichado que tengan que hacerlo, y está mal, terriblemente mal, que la sociedad les obligue a ello. La sociedad se arroga el derecho de infligir un castigo atroz al individuo, pero también tiene el vicio supremo de la superficialidad y no se da cuenta de lo que ha hecho. Cuando termina el castigo del hombre, lo abandona a su suerte; es decir, lo abandona en el mismo momento en que comienza su más alto deber para con él. Se avergüenza realmente de sus propios actos y rehúye a aquellos a quienes ha castigado, como la gente rehúye a un acreedor cuya deuda no puede pagar, o a alguien a quien ha infligido un mal irreparable, irremediable. Puedo reclamar por mi parte que si me doy cuenta de lo que he sufrido, la sociedad se dé cuenta de lo que me ha infligido; y que no haya rencor ni odio por ninguna de las partes.

Por supuesto, sé que desde un punto de vista las cosas serán diferentes para mí que para los demás; de hecho, deben serlo, por la propia naturaleza del caso. Los pobres ladrones y parias que están encarcelados aquí conmigo son en muchos aspectos más afortunados que yo. El pequeño camino en la ciudad gris o en el campo verde que vio su pecado es pequeño; para encontrar a aquellos que no saben nada de lo que han hecho no necesitan ir más lejos de lo que un pájaro podría volar entre el crepúsculo y el amanecer; pero para mí el mundo está arrugado a un palmo y dondequiera que me vuelva mi nombre está escrito en las rocas en plomo. Porque he pasado, no de la oscuridad a la notoriedad momentánea del crimen, sino de una especie de eternidad de fama a una especie de eternidad de infamia, y a veces me parece haber demostrado, si

tween the famous and the infamous there is but one step, if as much as one.

Still, in the very fact that people will recognise me wherever I go, and know all about my life, as far as its follies go, I can discern something good for me. It will force on me the necessity of again asserting myself as an artist, and as soon as I possibly can. If I can produce only one beautiful work of art I shall be able to rob malice of its venom, and cowardice of its sneer, and to pluck out the tongue of scorn by the roots.

And if life be, as it surely is, a problem to me, I am no less a problem to life. People must adopt some attitude towards me, and so pass judgment, both on themselves and me. I need not say I am not talking of particular individuals. The only people I would care to be with now are artists and people who have suffered: those who know what beauty is, and those who know what sorrow is: nobody else interests me. Nor am I making any demands on life. In all that I have said I am simply concerned with my own mental attitude towards life as a whole; and I feel that not to be ashamed of having been punished is one of the first points I must attain to, for the sake of my own perfection, and because I am so imperfect.

Then I must learn how to be happy. Once I knew it, or thought I knew it, by instinct. It was always springtime once in my heart. My temperament was akin to joy. I filled my life to the very brim with pleasure, as one might fill a cup to the very brim with wine. Now I am approaching life from a completely new standpoint, and even to conceive happiness is often extremely difficult for me. I remember during my first term at Oxford reading in Pater's *Renaissance* - that book which has had such strange influence over my life - how Dante places low in the Inferno those who wilfully live in sadness; and going to the college library and turning to the passage in the *Divine Comedy* where beneath the dreary marsh lie those who were 'sullen in the sweet air,' saying for ever and ever through their sighs -

'Tristi fummo Nell aer dolce che dal sol s'allegra.'

I knew the church condemned *accidia*, but the whole idea seemed to me quite fantastic, just the sort of sin, I fancied, a priest who knew

es que era necesario demostrarlo, que entre lo famoso y lo infame no hay más que un paso, si acaso uno.

Sin embargo, en el hecho mismo de que la gente me reconozca dondequiera que vaya y sepa todo sobre mi vida, en cuanto a sus insensateces, puedo discernir algo bueno para mí. Me obligará a la necesidad de afirmarme de nuevo como artista y tan pronto como me sea posible. Si puedo producir una sola obra de arte hermosa, podré despojar a la malicia de su veneno y a la cobardía de su sorna y arrancar de raíz la lengua del desprecio.

Y si la vida es, como seguramente lo es, un problema para mí, yo no soy menos problema para la vida. La gente debe adoptar alguna actitud hacia mí y así emitir un juicio, tanto sobre sí misma como sobre mí. No hace falta que diga que no hablo de individuos concretos. Las únicas personas con las que me gustaría estar ahora son los artistas y la gente que ha sufrido: los que saben lo que es la belleza y los que saben lo que es la pena: nadie más me interesa. Tampoco estoy exigiendo nada de la vida. En todo lo que he dicho me preocupa simplemente mi propia actitud mental hacia la vida en su conjunto y siento que no avergonzarme de haber sido castigado es uno de los primeros puntos que debo alcanzar, por el bien de mi propia perfección y porque soy tan imperfecto.

Entonces, debo aprender a ser feliz. Antes lo sabía, o creía saberlo, por instinto. Siempre era primavera alguna vez en mi corazón. Mi temperamento era afín a la alegría. Llenaba mi vida hasta el borde de placer, como se llena una copa hasta el borde de vino. Ahora enfoco la vida desde un punto de vista completamente nuevo e incluso concebir la felicidad me resulta a menudo extremadamente difícil. Recuerdo que durante mi primer trimestre en Oxford leí en el *Renacimiento* de Pater —ese libro que ha tenido una influencia tan extraña en mi vida— cómo Dante rebaja en el Infierno a los que voluntariamente viven en la tristeza y recuerdo ir a la biblioteca del college y llegar al pasaje de la *Divina Comedia* en el que bajo el lóbrego pantano yacen los que eran «hoscos en el dulce aire», diciendo por los siglos de los siglos a través de sus suspiros:

«Tristi fummo Nell aer dolce che dal sol s'allegra».

Sabía que la Iglesia condenaba los *accidia*, pero toda la idea me parecía bastante fantástica, justo el tipo de pecado que, me imaginaba,

nothing about real life would invent. Nor could I understand how Dante, who says that 'sorrow remarries us to God,' could have been so harsh to those who were enamoured of melancholy, if any such there really were. I had no idea that some day this would become to me one of the greatest temptations of my life.

While I was in Wandsworth prison I longed to die. It was my one desire. When after two months in the infirmary I was transferred here, and found myself growing gradually better in physical health, I was filled with rage. I determined to commit suicide on the very day on which I left prison. After a time that evil mood passed away, and I made up my mind to live, but to wear gloom as a king wears purple: never to smile again: to turn whatever house I entered into a house of mourning: to make my friends walk slowly in sadness with me: to teach them that melancholy is the true secret of life: to maim them with an alien sorrow: to mar them with my own pain. Now I feel quite differently. I see it would be both ungrateful and unkind of me to pull so long a face that when my friends came to see me they would have to make their faces still longer in order to show their sympathy; or, if I desired to entertain them, to invite them to sit down silently to bitter herbs and funeral baked meats. I must learn how to be cheerful and happy.

The last two occasions on which I was allowed to see my friends here, I tried to be as cheerful as possible, and to show my cheerfulness, in order to make them some slight return for their trouble in coming all the way from town to see me. It is only a slight return, I know, but it is the one, I feel certain, that pleases them most. I saw R- for an hour on Saturday week, and I tried to give the fullest possible expression of the delight I really felt at our meeting. And that, in the views and ideas I am here shaping for myself, I am quite right is shown to me by the fact that now for the first time since my imprisonment I have a real desire for life.

There is before me so much to do, that I would regard it as a terrible tragedy if I died before I was allowed to complete at any rate a little of it. I see new developments in art and life, each one of which is a fresh mode of perfection. I long to live so that I can explore what is no less than a new world to me. Do you want to know what this new world is? I think you can guess what it is. It is the world in which I have been

inventaría un cura que no supiera nada de la vida real. Tampoco po-
día entender cómo Dante, que dice que «el dolor nos vuelve a casar con
Dios», podía haber sido tan duro con los enamorados de la melancolía,
si es que realmente existían. Ignoraba que algún día esto se convertiría
para mí en una de las mayores tentaciones de mi vida.

Mientras estuve en la prisión de Wandsworth ansiaba morir. Era mi
único deseo. Cuando después de dos meses en la enfermería me tras-
ladaron aquí y me encontré cada vez mejor de salud física, me invadió
la rabia. Decidí suicidarme el mismo día en que saliera de la cárcel. Al
cabo de un tiempo se me pasó ese mal humor y me decidí a vivir pero
para vestir la melancolía como un rey viste de púrpura: para no sonreír
nunca más: para convertir cualquier casa en la que entrara en una casa
de luto: para hacer que mis amigos caminaran lentamente en la tristeza
conmigo: para enseñarles que la melancolía es el verdadero secreto de
la vida: para mutilarlos con una pena ajena: para estropearlos con mi
propio dolor. Ahora pienso de forma muy distinta. Veo que sería a la vez
ingrato y poco amable por mi parte poner una cara tan larga que cuando
mis amigos vinieran a verme tuvieran que poner caras aún más largas
para mostrar su simpatía; o, si deseaba agasajarlos, invitarlos a sentarse
en silencio a comer hierbas amargas y carnes fúnebres al horno. Debo
aprender a estar alegre y feliz.

Las dos últimas ocasiones en que se me permitió ver a mis amigos
aquí, traté de estar lo más alegre posible y de mostrar mi alegría con
el fin de hacerles alguna pequeña devolución por su molestia en venir
desde la ciudad para verme. Es sólo una pequeña devolución, lo sé, pero
es la que, estoy seguro, más les agrada. Vi a R… durante una hora el sá-
bado y traté de dar la expresión más completa posible del deleite que
realmente sentí en nuestro encuentro. Y que, en los puntos de vista e
ideas que estoy aquí dando forma para mí, estoy bastante en lo cierto,
me lo demuestra el hecho de que ahora, por primera vez desde mi en-
carcelamiento, tengo un verdadero deseo de vivir.

Tengo ante mí tanto por hacer que consideraría una terrible tragedia
si muriera antes de que se me permitiera completar al menos un poco
de ello. Veo nuevos desarrollos en el arte y en la vida, cada uno de los
cuales es un nuevo modo de perfección. Anhelo vivir para poder explo-
rar lo que para mí es nada menos que un mundo nuevo. ¿Quieres saber
cuál es ese mundo nuevo? Creo que puedes adivinarlo: es el mundo en

living. Sorrow, then, and all that it teaches one, is my new world.

I used to live entirely for pleasure. I shunned suffering and sorrow of every kind. I hated both. I resolved to ignore them as far as possible: to treat them, that is to say, as modes of imperfection. They were not part of my scheme of life. They had no place in my philosophy. My mother, who knew life as a whole, used often to quote to me Goethe's lines - written by Carlyle in a book he had given her years ago, and translated by him, I fancy, also:-

'Who never ate his bread in sorrow, Who never spent the midnight hours Weeping and waiting for the morrow, - He knows you not, ye heavenly powers.'

They were the lines which that noble Queen of Prussia, whom Napoleon treated with such coarse brutality, used to quote in her humiliation and exile; they were the lines my mother often quoted in the troubles of her later life. I absolutely declined to accept or admit the enormous truth hidden in them. I could not understand it. I remember quite well how I used to tell her that I did not want to eat my bread in sorrow, or to pass any night weeping and watching for a more bitter dawn.

I had no idea that it was one of the special things that the Fates had in store for me: that for a whole year of my life, indeed, I was to do little else. But so has my portion been meted out to me; and during the last few months I have, after terrible difficulties and struggles, been able to comprehend some of the lessons hidden in the heart of pain. Clergymen and people who use phrases without wisdom sometimes talk of suffering as a mystery. It is really a revelation. One discerns things one never discerned before. One approaches the whole of history from a different standpoint. What one had felt dimly, through instinct, about art, is intellectually and emotionally realised with perfect clearness of vision and absolute intensity of apprehension.

I now see that sorrow, being the supreme emotion of which man is capable, is at once the type and test of all great art. What the artist is always looking for is the mode of existence in which soul and body are one and indivisible: in which the outward is expressive of the in-

el que he estado viviendo. El dolor, pues, y todo lo que le enseña a uno, es mi mundo nuevo.

Yo vivía enteramente para el placer. Rehuía el sufrimiento y la pena de todo tipo. Los odiaba a ambos. Resolví ignorarlos en la medida de lo posible: tratarlos, es decir, como modos de imperfección. No formaban parte de mi esquema de vida. No tenían cabida en mi filosofía. Mi madre, que conocía la vida en su totalidad, solía citarme a menudo los versos de Goethe —escritos por Carlyle en un libro que le había regalado hacía años, y traducidos también por él, me imagino—:

«Quien nunca comió su pan con tristeza, Quien nunca pasó las horas de medianoche Llorando y esperando el mañana... No los conoce, ustedes poderes celestiales».

Eran las líneas que aquella noble reina de Prusia, a la que Napoleón trató con tan grosera brutalidad, solía citar en su humillación y exilio; eran las líneas que mi madre citaba a menudo en relación a los problemas de su vida posterior. Yo me negaba rotundamente a aceptar o admitir la enorme verdad que se escondía en ellas, no podía comprenderla. Recuerdo muy bien cómo solía decirle que no quería comer mi pan con tristeza, ni pasar ninguna noche llorando y esperando un amanecer más amargo.

Ignoraba que era una de las cosas especiales que el Destino me tenía reservadas: que durante todo un año de mi vida, de hecho, iba a ser mi ocupación. Pero así se ha repartido mi porción conmigo y, durante los últimos meses, tras terribles dificultades y luchas, he podido comprender algunas de las lecciones ocultas en el corazón del dolor. Los clérigos y la gente que utilizan frases sin sabiduría hablan a veces del sufrimiento como de un misterio. En realidad es una revelación. Uno discierne cosas que nunca antes había discernido. Uno aborda toda la historia desde un punto de vista diferente. Lo que uno había sentido tenuemente, por instinto, sobre el arte, se realiza intelectual y emocionalmente con perfecta claridad de visión y absoluta intensidad de aprehensión.

Ahora veo que el dolor, al ser la emoción suprema de la que es capaz el hombre, es a la vez el tipo y la prueba de todo gran arte. Lo que el artista busca siempre es el modo de existencia en el que alma y cuerpo son uno e indivisibles: en el que lo exterior es expresivo de lo interior: en el que

ward: in which form reveals. Of such modes of existence there are not a few: youth and the arts preoccupied with youth may serve as a model for us at one moment: at another we may like to think that, in its subtlety and sensitiveness of impression, its suggestion of a spirit dwelling in external things and making its raiment of earth and air, of mist and city alike, and in its morbid sympathy of its moods, and tones, and colours, modern landscape art is realising for us pictorially what was realised in such plastic perfection by the Greeks. Music, in which all subject is absorbed in expression and cannot be separated from it, is a complex example, and a flower or a child a simple example, of what I mean; but sorrow is the ultimate type both in life and art.

Behind joy and laughter there may be a temperament, coarse, hard and callous. But behind sorrow there is always sorrow. Pain, unlike pleasure, wears no mask. Truth in art is not any correspondence between the essential idea and the accidental existence; it is not the resemblance of shape to shadow, or of the form mirrored in the crystal to the form itself; it is no echo coming from a hollow hill, any more than it is a silver well of water in the valley that shows the moon to the moon and Narcissus to Narcissus. Truth in art is the unity of a thing with itself: the outward rendered expressive of the inward: the soul made incarnate: the body instinct with spirit. For this reason there is no truth comparable to sorrow. There are times when sorrow seems to me to be the only truth. Other things may be illusions of the eye or the appetite, made to blind the one and cloy the other, but out of sorrow have the worlds been built, and at the birth of a child or a star there is pain.

More than this, there is about sorrow an intense, an extraordinary reality. I have said of myself that I was one who stood in symbolic relations to the art and culture of my age. There is not a single wretched man in this wretched place along with me who does not stand in symbolic relation to the very secret of life. For the secret of life is suffering. It is what is hidden behind everything. When we begin to live, what is sweet is so sweet to us, and what is bitter so bitter, that we inevitably direct all our desires towards pleasures, and seek not merely for a 'month or twain to feed on honeycomb,' but for all our years to taste no other food, ignorant all the while that we may really be starving the soul.

la forma revela. De tales modos de existencia hay no pocos: la juventud y las artes preocupadas por la juventud pueden servirnos de modelo en un momento dado: en otro nos puede gustar pensar que, en su sutileza y sensibilidad de impresión, su sugerencia de un espíritu que habita en las cosas externas y que hace su vestidura de tierra y aire, de niebla y ciudad por igual, y en su mórbida simpatía de sus estados de ánimo, y tonos, y colores, el arte paisajístico moderno está realizando para nosotros pictóricamente lo que los griegos realizaron en tal perfección plástica. La música, en la que todo el sujeto está absorbido por la expresión y no puede separarse de ella, es un ejemplo complejo, y una flor o un niño un ejemplo sencillo, de lo que quiero decir; pero el dolor es el tipo supremo tanto en la vida como en el arte.

Detrás de la alegría y la risa puede haber un temperamento tosco, duro e insensible. Pero detrás de la pena siempre hay pena. El dolor, a diferencia del placer, no lleva máscara. La verdad en el arte no es ninguna correspondencia entre la idea esencial y la existencia accidental; no es la semejanza de la forma con la sombra o de la forma reflejada en el cristal con la forma misma; no es ningún eco procedente de una colina hueca, como tampoco es un pozo de agua plateada en el valle que muestra la luna a la luna y Narciso a Narciso. La verdad en el arte es la unidad de una cosa consigo misma: lo exterior convertido en expresivo de lo interior: el alma encarnada: el cuerpo instintivo con el espíritu. Por eso no hay verdad comparable a la pena. Hay momentos en los que el dolor me parece la única verdad. Otras cosas pueden ser ilusiones del ojo o del apetito, hechas para cegar al uno y empalagar al otro, pero del dolor se han construido los mundos, y en el nacimiento de un niño o de una estrella hay dolor.

Más que eso, hay en el dolor una realidad intensa, extraordinaria. He dicho de mí mismo que era alguien que estaba en relación simbólica con el arte y la cultura de mi época. No hay un solo desgraciado en este lugar miserable junto a mí que no esté en relación simbólica con el secreto mismo de la vida. Porque el secreto de la vida es el sufrimiento. Es lo que se oculta detrás de todo. Cuando empezamos a vivir, lo dulce nos resulta tan dulce y lo amargo tan amargo, que inevitablemente dirigimos todos nuestros deseos hacia los placeres y buscamos no sólo durante un «mes o dos alimentarnos de panal de miel» sino durante todos nuestros años no probar ningún otro alimento, ignorando todo el tiempo que en realidad podemos estar matando de hambre al alma.

I remember talking once on this subject to one of the most beautiful personalities I have ever known: a woman, whose sympathy and noble kindness to me, both before and since the tragedy of my imprisonment, have been beyond power and description; one who has really assisted me, though she does not know it, to bear the burden of my troubles more than any one else in the whole world has, and all through the mere fact of her existence, through her being what she is - partly an ideal and partly an influence: a suggestion of what one might become as well as a real help towards becoming it; a soul that renders the common air sweet, and makes what is spiritual seem as simple and natural as sunlight or the sea: one for whom beauty and sorrow walk hand in hand, and have the same message. On the occasion of which I am thinking I recall distinctly how I said to her that there was enough suffering in one narrow London lane to show that God did not love man, and that wherever there was any sorrow, though but that of a child, in some little garden weeping over a fault that it had or had not committed, the whole face of creation was completely marred. I was entirely wrong. She told me so, but I could not believe her. I was not in the sphere in which such belief was to be attained to. Now it seems to me that love of some kind is the only possible explanation of the extraordinary amount of suffering that there is in the world. I cannot conceive of any other explanation. I am convinced that there is no other, and that if the world has indeed, as I have said, been built of sorrow, it has been built by the hands of love, because in no other way could the soul of man, for whom the world was made, reach the full stature of its perfection. Pleasure for the beautiful body, but pain for the beautiful soul.

When I say that I am convinced of these things I speak with too much pride. Far off, like a perfect pearl, one can see the city of God. It is so wonderful that it seems as if a child could reach it in a summer's day. And so a child could. But with me and such as me it is different. One can realise a thing in a single moment, but one loses it in the long hours that follow with leaden feet. It is so difficult to keep 'heights that the soul is competent to gain.' We think in eternity, but we move slowly through time; and how slowly time goes with us who lie in prison I need not tell again, nor of the weariness and despair that creep back into one's cell, and into the cell of one's heart, with such strange insistence that one has, as it were, to garnish and sweep

Recuerdo haber hablado una vez sobre este tema con una de las personalidades más hermosas que he conocido: una mujer, cuya simpatía y noble bondad hacia mí, tanto antes como después de la tragedia de mi encarcelamiento, han estado más allá del poder y la descripción; una que realmente me ha ayudado, aunque ella no lo sabe, a soportar la carga de mis problemas más de lo que lo ha hecho cualquier otra persona en el mundo entero y todo por el mero hecho de su existencia, por ser lo que es: en parte un ideal y en parte una influencia: una sugerencia de lo que uno podría llegar a ser, así como una ayuda real para llegar a serlo; un alma que torna dulce el aire común y hace que lo espiritual parezca tan sencillo y natural como la luz del sol o el mar: alguien para quien la belleza y el dolor caminan de la mano y traen el mismo mensaje. En la ocasión en la que estoy pensando recuerdo claramente cómo le dije que había suficiente sufrimiento en una estrecha callejuela de Londres para demostrar que Dios no amaba al hombre y que dondequiera que hubiera alguna pena, aunque no fuera más que la de un niño, en algún jardincillo llorando por una falta que hubiera o no cometido, toda la faz de la creación quedaba completamente empañada. Estaba completamente equivocado. Ella me lo dijo, pero yo no podía creerlo. No me encontraba en la esfera en la que se podía llegar a tal creencia. Ahora me parece que el amor de algún tipo es la única explicación posible de la extraordinaria cantidad de sufrimiento que hay en el mundo. No puedo concebir ninguna otra explicación. Estoy convencido de que no hay otra y de que si el mundo ha sido efectivamente, como he dicho, construido de dolor, lo ha sido por las manos del amor, porque de ninguna otra manera podría el alma del hombre, para quien el mundo fue hecho, alcanzar la plena estatura de su perfección. Placer para el cuerpo bello, pero dolor para el alma bella.

Cuando digo que estoy convencido de estas cosas hablo con demasiado orgullo. A lo lejos, como una perla perfecta, se ve la ciudad de Dios. Es tan maravillosa que parece como si un niño pudiera alcanzarla en un día de verano. Y un niño podría. Pero conmigo y con gente como yo es diferente. Uno puede darse cuenta de una cosa en un solo momento, pero la pierde en las largas horas que siguen con pies de plomo. Es tan difícil mantener «las alturas que el alma es competente para ganar. Pensamos en la eternidad, pero nos movemos lentamente en el tiempo; y no necesito volver a hablar de la lentitud con la que transcurre el tiempo para los que estamos en prisión, ni del cansancio y la desesperación que vuelven a entrar en la celda de uno, y en la celda de su corazón, con

one's house for their coming, as for an unwelcome guest, or a bitter master, or a slave whose slave it is one's chance or choice to be.

And, though at present my friends may find it a hard thing to believe, it is true none the less, that for them living in freedom and idleness and comfort it is more easy to learn the lessons of humility than it is for me, who begin the day by going down on my knees and washing the floor of my cell. For prison life with its endless privations and restrictions makes one rebellious. The most terrible thing about it is not that it breaks one's heart - hearts are made to be broken - but that it turns one's heart to stone. One sometimes feels that it is only with a front of brass and a lip of scorn that one can get through the day at all. And he who is in a state of rebellion cannot receive grace, to use the phrase of which the Church is so fond - so rightly fond, I dare say - for in life as in art the mood of rebellion closes up the channels of the soul, and shuts out the airs of heaven. Yet I must learn these lessons here, if I am to learn them anywhere, and must be filled with joy if my feet are on the right road and my face set towards 'the gate which is called beautiful,' though I may fall many times in the mire and often in the mist go astray.

This New Life, as through my love of Dante I like sometimes to call it, is of course no new life at all, but simply the continuance, by means of development, and evolution, of my former life. I remember when I was at Oxford saying to one of my friends as we were strolling round Magdalen's narrow bird-haunted walks one morning in the year before I took my degree, that I wanted to eat of the fruit of all the trees in the garden of the world, and that I was going out into the world with that passion in my soul. And so, indeed, I went out, and so I lived. My only mistake was that I confined myself so exclusively to the trees of what seemed to me the sun-lit side of the garden, and shunned the other side for its shadow and its gloom. Failure, disgrace, poverty, sorrow, despair, suffering, tears even, the broken words that come from lips in pain, remorse that makes one walk on thorns, conscience that condemns, self-abasement that punishes, the misery that puts ashes on its head, the anguish that chooses sack-cloth for its raiment and into its own drink puts gall: -all these were things of which I was afraid. And as I had determined to know nothing of them,

una insistencia tan extraña que uno tiene, por así decirlo, que adornar y barrer su casa para su llegada, como para un huésped inoportuno, o un amo amargado, o un esclavo cuya esclavitud uno tiene la suerte o la elección de ser.

Y, aunque en estos momentos a mis amigos les cueste creerlo, no deja de ser cierto que para ellos, que viven en libertad, ociosos y cómodos, es más fácil aprender las lecciones de la humildad que para mí, que empiezo el día arrodillándome y lavando el suelo de mi celda. Porque la vida en la cárcel, con sus interminables privaciones y restricciones, le vuelve a uno rebelde. Lo más terrible de ello no es que le rompa a uno el corazón —los corazones están hechos para romperse—, sino que le convierte a uno el corazón en piedra. Y quien se encuentra en estado de rebeldía no puede recibir la gracia, por usar la frase a la que la Iglesia es tan aficionada —me atrevería a decir que tan acertadamente aficionada—, porque en la vida como en el arte, el estado de ánimo de rebeldía cierra los canales del alma y apaga los aires del cielo. Sin embargo, debo aprender estas lecciones aquí, si he de aprenderlas en alguna parte, y debo llenarme de alegría si mis pies están en el camino correcto y mi rostro dirigido hacia «la puerta que se llama hermosa», aunque pueda caer muchas veces en el fango y a menudo extraviarme en la niebla.

Esta Nueva Vida, como por mi amor a Dante me gusta llamarla a veces, no es, por supuesto, una vida nueva en absoluto, sino simplemente la continuación, mediante el desarrollo y la evolución, de mi vida anterior. Recuerdo que cuando estaba en Oxford le dije a uno de mis amigos, mientras paseábamos por los estrechos paseos de Magdalen, acechados por los pájaros, una mañana del año anterior a licenciarme, que quería comer del fruto de todos los árboles del jardín del mundo y que iba a salir al mundo con esa pasión en el alma. Y así, en efecto, salí, y así viví. Mi único error fue limitarme tan exclusivamente a los árboles de lo que me parecía el lado iluminado por el sol del jardín y rehuir el otro lado por su sombra y su penumbra. El fracaso, la desgracia, la pobreza, la pena, la desesperación, el sufrimiento, incluso las lágrimas, las palabras rotas que salen de los labios en el dolor, el remordimiento que hace caminar sobre espinas, la conciencia que condena, el autodesprecio que castiga, la miseria que pone cenizas sobre su cabeza, la angustia que elige tela de saco por vestidura y en su propia bebida pone hiel: todas éstas eran cosas de las que tenía miedo. Y como me había propuesto

I was forced to taste each of them in turn, to feed on them, to have for a season, indeed, no other food at all.

I don't regret for a single moment having lived for pleasure. I did it to the full, as one should do everything that one does. There was no pleasure I did not experience. I threw the pearl of my soul into a cup of wine. I went down the primrose path to the sound of flutes. I lived on honeycomb. But to have continued the same life would have been wrong because it would have been limiting. I had to pass on. The other half of the garden had its secrets for me also. Of course all this is foreshadowed and prefigured in my books. Some of it is in *The Happy Prince*, some of it in *The Young King*, notably in the passage where the bishop says to the kneeling boy, 'Is not He who made misery wiser than thou art'? a phrase which when I wrote it seemed to me little more than a phrase; a great deal of it is hidden away in the note of doom that like a purple thread runs through the texture of *Dorian Gray*; in *The Critic as Artist* it is set forth in many colours; in *The Soul of Man* it is written down, and in letters too easy to read; it is one of the refrains whose recurring *motifs* make *Salome* so like a piece of music and bind it together as a ballad; in the prose poem of the man who from the bronze of the image of the 'Pleasure that liveth for a moment' has to make the image of the 'Sorrow that abideth for ever' it is incarnate. It could not have been otherwise. At every single moment of one's life one is what one is going to be no less than what one has been. Art is a symbol, because man is a symbol.

It is, if I can fully attain to it, the ultimate realisation of the artistic life. For the artistic life is simply self-development. Humility in the artist is his frank acceptance of all experiences, just as love in the artist is simply the sense of beauty that reveals to the world its body and its soul. In *Marius the Epicurean* Pater seeks to reconcile the artistic life with the life of religion, in the deep, sweet, and austere sense of the word. But Marius is little more than a spectator: an ideal spectator indeed, and one to whom it is given 'to contemplate the spectacle of life with appropriate emotions,' which Wordsworth defines as the poet's true aim; yet a spectator merely, and perhaps a little too much occupied with the comeliness of the benches of the sanctuary to notice that it is the sanctuary of sorrow that he is gazing at.

no saber nada de ellas, me vi obligado a probar cada una de ellas por turno, a alimentarme de ellas, a no tener durante una temporada, de hecho, ningún otro alimento en absoluto.

No me arrepiento ni por un momento de haber vivido para el placer. Lo hice al máximo, como se debe hacer todo lo que se hace. No hubo placer que no experimentara. Eché la perla de mi alma en una copa de vino. Bajé por el sendero de la prímula al son de las flautas. Viví a base de panales. Pero haber continuado la misma vida habría sido un error porque me habría limitado. Tuve que seguir adelante. La otra mitad del jardín también tenía sus secretos para mí. Por supuesto, todo esto está presagiado y prefigurado en mis libros. Parte de ello está en *El príncipe feliz*, parte en *El joven rey*, sobre todo en el pasaje en el que el obispo le dice al muchacho arrodillado: «¿No es más sabio que tú Aquel que hizo la miseria?», una frase que cuando la escribí me parecía poco más que una frase; gran parte de ella está escondida en la nota de fatalidad que como un hilo púrpura recorre la textura de *Dorian Gray*; en *El crítico como artista* está expuesta en muchos colores; en *El alma del hombre* está escrita, y en letras demasiado fáciles de leer; es uno de los estribillos cuyos motivos recurrentes hacen de *Salomé* una pieza musical y la unen como una balada; en el poema en prosa del hombre que del bronce de la imagen del «Placer que vive un momento» tiene que hacer la imagen del «Dolor que permanece para siempre» está encarnado. No podía ser de otro modo. En cada momento de la vida uno es lo que va a ser no menos que lo que ha sido. El arte es un símbolo, porque el hombre es un símbolo.

Es, si puedo alcanzarla plenamente, la realización última de la vida artística. Pues la vida artística es simplemente autodesarrollo. La humildad en el artista es su franca aceptación de todas las experiencias, del mismo modo que el amor en el artista es simplemente el sentido de la belleza que revela al mundo su cuerpo y su alma. En *Marius, el epicúreo* Pater intenta reconciliar la vida artística con la vida religiosa, en el sentido profundo, dulce y austero de la palabra. Pero Marius es poco más que un espectador: un espectador ideal, ciertamente, y a quien le es dado «contemplar el espectáculo de la vida con emociones apropiadas», que Wordsworth define como el verdadero objetivo del poeta; pero un espectador meramente... y quizá un poco demasiado ocupado con la belleza de los bancos del santuario para darse cuenta de que es el santuario del dolor lo que está contemplando.

I see a far more intimate and immediate connection between the true life of Christ and the true life of the artist; and I take a keen pleasure in the reflection that long before sorrow had made my days her own and bound me to her wheel I had written in *The Soul of Man* that he who would lead a Christ-like life must be entirely and absolutely himself, and had taken as my types not merely the shepherd on the hillside and the prisoner in his cell, but also the painter to whom the world is a pageant and the poet for whom the world is a song. I remember saying once to Andre Gide, as we sat together in some Paris *café*, that while meta-physics had but little real interest for me, and morality absolutely none, there was nothing that either Plato or Christ had said that could not be transferred immediately into the sphere of Art and there find its complete fulfilment.

Nor is it merely that we can discern in Christ that close union of personality with perfection which forms the real distinction between the classical and romantic movement in life, but the very basis of his nature was the same as that of the nature of the artist - an intense and flamelike imagination. He realised in the entire sphere of human relations that imaginative sympathy which in the sphere of Art is the sole secret of creation. He understood the leprosy of the leper, the darkness of the blind, the fierce misery of those who live for pleasure, the strange poverty of the rich. Some one wrote to me in trouble, 'When you are not on your pedestal you are not interesting.' How remote was the writer from what Matthew Arnold calls 'the Secret of Jesus.' Either would have taught him that whatever happens to another happens to oneself, and if you want an inscription to read at dawn and at night-time, and for pleasure or for pain, write up on the walls of your house in letters for the sun to gild and the moon to silver, 'Whatever happens to oneself happens to another.'

Christ's place indeed is with the poets. His whole conception of Humanity sprang right out of the imagination and can only be realised by it. What God was to the pantheist, man was to Him. He was the first to conceive the divided races as a unity. Before his time there had been gods and men, and, feeling through the mysticism of sympathy that in himself each had been made incarnate, he calls himself the Son of the one or the Son of the other, according to his mood. More than any one else in history he wakes in us that temper of wonder to which romance always appeals. There is still something to me almost

Veo una conexión mucho más íntima e inmediata entre la verdadera vida de Cristo y la verdadera vida del artista y me complace mucho la reflexión de que mucho antes de que el dolor hiciera suyos mis días y me atara a su rueda, yo había escrito en *El alma del hombre* que quien quisiera llevar una vida semejante a la de Cristo debía ser total y absolutamente él mismo y había tomado como tipos no sólo al pastor en la ladera y al prisionero en su celda, sino también al pintor para quien el mundo es un desfile y al poeta para quien el mundo es una canción.Recuerdo haberle dicho una vez a André Gide, mientras estábamos sentados juntos en algún *café* de París, que aunque la metafísica tenía para mí muy poco interés real, y la moral absolutamente ninguno, no había nada que Platón o Cristo hubieran dicho que no pudiera trasladarse inmediatamente a la esfera del Arte y encontrar allí su completa realización.

No es sólo que podamos discernir en Cristo esa estrecha unión de la personalidad con la perfección que constituye la verdadera distinción entre el movimiento clásico y el romántico en la vida, sino que la base misma de su naturaleza era la misma que la de la naturaleza del artista: una imaginación intensa y flamígera. Realizó en toda la esfera de las relaciones humanas esa simpatía imaginativa que en la esfera del Arte es el único secreto de la creación. Comprendió la lepra del leproso, la oscuridad del ciego, la feroz miseria de los que viven para el placer, la extraña pobreza del rico. Alguien me escribió apenado: «Cuando no estás en tu pedestal no eres interesante». Cuán alejado estaba el escritor de lo que Matthew Arnold llama «el Secreto de Jesús». Cualquiera le habría enseñado que lo que le sucede a otro le sucede a uno mismo, y si quieres una inscripción para leer al amanecer y al anochecer, y por placer o por dolor, escribe en las paredes de tu casa con letras para que el sol las dore y la luna las platee: «Lo que le sucede a uno le sucede a otro».

El lugar de Cristo es, en efecto, el de los poetas. Toda su concepción de la Humanidad surgió de la imaginación y sólo puede ser realizada por ella. Lo que Dios era para el panteísta, el hombre era para Él. Fue el primero en concebir las razas divididas como una unidad. Antes de su época había habido dioses y hombres y, sintiendo por el misticismo de la simpatía que en él se habían encarnado cada uno de ellos, se llama a sí mismo Hijo del uno o Hijo del otro, según su estado de ánimo. Más que nadie en la historia, él despierta en nosotros ese temperamento de asombro al que siempre apela el romanticismo. Todavía hay algo para

incredible in the idea of a young Galilean peasant imagining that he could bear on his own shoulders the burden of the entire world; all that had already been done and suffered, and all that was yet to be done and suffered: the sins of Nero, of Caesar Borgia, of Alexander VI., and of him who was Emperor of Rome and Priest of the Sun: the sufferings of those whose names are legion and whose dwelling is among the tombs: oppressed nationalities, factory children, thieves, people in prison, outcasts, those who are dumb under oppression and whose silence is heard only of God; and not merely imagining this but actually achieving it, so that at the present moment all who come in contact with his personality, even though they may neither bow to his altar nor kneel before his priest, in some way find that the ugliness of their sin is taken away and the beauty of their sorrow revealed to them.

I had said of Christ that he ranks with the poets. That is true. Shelley and Sophocles are of his company. But his entire life also is the most wonderful of poems. For 'pity and terror' there is nothing in the entire cycle of Greek tragedy to touch it. The absolute purity of the protagonist raises the entire scheme to a height of romantic art from which the sufferings of Thebes and Pelops' line are by their very horror excluded, and shows how wrong Aristotle was when he said in his treatise on the drama that it would be impossible to bear the spectacle of one blameless in pain. Nor in Aeschylus nor Dante, those stern masters of tenderness, in Shakespeare, the most purely human of all the great artists, in the whole of Celtic myth and legend, where the loveliness of the world is shown through a mist of tears, and the life of a man is no more than the life of a flower, is there anything that, for sheer simplicity of pathos wedded and made one with sublimity of tragic effect, can be said to equal or even approach the last act of Christ's passion. The little supper with his companions, one of whom has already sold him for a price; the anguish in the quiet moon-lit garden; the false friend coming close to him so as to betray him with a kiss; the friend who still believed in him, and on whom as on a rock he had hoped to build a house of refuge for Man, denying him as the bird cried to the dawn; his own utter loneliness, his submission, his acceptance of everything; and along with it all such scenes as the high priest of orthodoxy rending his raiment in wrath, and the magistrate of civil justice calling for water in the vain hope of cleansing himself of that stain of innocent blood that makes him the scarlet

mí casi increíble en la idea de un joven campesino galileo imaginando que podía soportar sobre sus propios hombros la carga del mundo entero; todo lo que ya se había hecho y sufrido, y todo lo que aún estaba por hacer y sufrir: los pecados de Nerón, de César Borgia, de Alejandro VI y del que fue Emperador de Roma y Sacerdote del Sol: los sufrimientos de aquellos cuyos nombres son legión y cuya morada está entre las tumbas: las nacionalidades oprimidas, los niños de las fábricas, los ladrones, los encarcelados, los parias, los que enmudecen bajo la opresión y cuyo silencio sólo Dios escucha; y no sólo imaginarlo sino lograrlo realmente, de modo que en el momento presente todos los que entran en contacto con su personalidad, aunque no se inclinen ante su altar ni se arrodillen ante su sacerdote, de alguna manera encuentran que se les quita la fealdad de su pecado y se les revela la belleza de su dolor.

Había dicho de Cristo que se cuenta entre los poetas. Es cierto. Shelley y Sófocles son de su compañía. Pero también su vida entera es el más maravilloso de los poemas. Porque «piedad y terror», no hay nada en todo el ciclo de la tragedia griega que pueda tocarlo. La pureza absoluta del protagonista eleva todo el esquema a una altura de arte romántico de la que los sufrimientos de Tebas y el linaje de Pélope quedan excluidos por su propio horror, y demuestra lo equivocado que estaba Aristóteles cuando dijo en su tratado sobre el drama que sería imposible soportar el espectáculo de alguien intachable en el dolor. Ni en Esquilo ni en Dante, esos severos maestros de la ternura, ni en Shakespeare, el más puramente humano de todos los grandes artistas, ni en todo el mito y la leyenda celtas, donde la belleza del mundo se muestra a través de una niebla de lágrimas y la vida de un hombre no es más que la vida de una flor, hay nada que, por la pura simplicidad del patetismo unido y hecho uno con la sublimidad del efecto trágico, pueda decirse que iguala o incluso se aproxima al último acto de la pasión de Cristo. La pequeña cena con sus compañeros, uno de los cuales ya le ha vendido por un precio; la angustia en el tranquilo jardín iluminado por la luna; el falso amigo que se le acerca para traicionarle con un beso; el amigo que aún creía en él, y sobre el que como sobre una roca había esperado construir una casa de refugio para el Hombre, negándole como el pájaro gritó a la aurora; su propia soledad absoluta, su sumisión, su aceptación de todo; y junto con todo ello escenas tales como el sumo sacerdote de la ortodoxia rasgando sus vestiduras con ira, y el magistrado de la justicia civil pidiendo agua con la vana esperanza de limpiarse de esa mancha

figure of history; the coronation ceremony of sorrow, one of the most wonderful things in the whole of recorded time; the crucifixion of the Innocent One before the eyes of his mother and of the disciple whom he loved; the soldiers gambling and throwing dice for his clothes; the terrible death by which he gave the world its most eternal symbol; and his final burial in the tomb of the rich man, his body swathed in Egyptian linen with costly spices and perfumes as though he had been a king's son. When one contemplates all this from the point of view of art alone one cannot but be grateful that the supreme office of the Church should be the playing of the tragedy without the shedding of blood: the mystical presentation, by means of dialogue and costume and gesture even, of the Passion of her Lord; and it is always a source of pleasure and awe to me to remember that the ultimate survival of the Greek chorus, lost elsewhere to art, is to be found in the servitor answering the priest at Mass.

Yet the whole life of Christ - so entirely may sorrow and beauty be made one in their meaning and manifestation - is really an idyll, though it ends with the veil of the temple being rent, and the darkness coming over the face of the earth, and the stone rolled to the door of the sepulchre. One always thinks of him as a young bridegroom with his companions, as indeed he somewhere describes himself; as a shepherd straying through a valley with his sheep in search of green meadow or cool stream; as a singer trying to build out of the music the walls of the City of God; or as a lover for whose love the whole world was too small. His miracles seem to me to be as exquisite as the coming of spring, and quite as natural. I see no difficulty at all in believing that such was the charm of his personality that his mere presence could bring peace to souls in anguish, and that those who touched his garments or his hands forgot their pain; or that as he passed by on the highway of life people who had seen nothing of life's mystery, saw it clearly, and others who had been deaf to every voice but that of pleasure heard for the first time the voice of love and found it as 'musical as Apollo's lute'; or that evil passions fled at his approach, and men whose dull unimaginative lives had been but a mode of death rose as it were from the grave when he called them; or that when he taught on the hillside the multitude forgot their hunger and thirst and the cares of this world, and that to his friends who listened to him as he sat at meat the coarse food seemed delicate, and the water had the taste of good wine, and the whole house became

de sangre inocente que lo convierte en la figura escarlata de la historia; la ceremonia de coronación del dolor, una de las cosas más maravillosas de todo el tiempo registrado; la crucifixión del Inocente ante los ojos de su madre y del discípulo a quien amaba; los soldados apostando y lanzando dados por sus ropas; la terrible muerte con la que dio al mundo su símbolo más eterno; y su entierro final en la tumba del hombre rico, su cuerpo envuelto en lino egipcio con especias y perfumes costosos como si hubiera sido el hijo de un rey. Cuando uno contempla todo esto sólo desde el punto de vista del arte, no puede sino estar agradecido de que el oficio supremo de la Iglesia sea la representación de la tragedia sin derramamiento de sangre: la presentación mística, por medio del diálogo y el vestuario e incluso el gesto, de la Pasión de su Señor; y siempre es para mí una fuente de placer y sobrecogimiento recordar que la supervivencia última del coro griego, perdido en otros lugares para el arte, se encuentra en el sirviente que responde al sacerdote en la misa.

Sin embargo, toda la vida de Cristo —tan enteramente pueden el dolor y la belleza hacerse uno en su significado y manifestación— es realmente un idilio, aunque termine con el velo del templo rasgado, y las tinieblas sobre la faz de la tierra, y la piedra rodada a la puerta del sepulcro. Uno siempre piensa en él como un joven novio con sus acompañantes, como de hecho se describe a sí mismo en alguna parte; como un pastor que recorre un valle con sus ovejas en busca de un prado verde o un arroyo fresco; como un cantor que intenta construir con la música los muros de la Ciudad de Dios; o como un amante para cuyo amor el mundo entero era demasiado pequeño. Sus milagros me parecen tan exquisitos como la llegada de la primavera, y tan naturales. No veo dificultad alguna en creer que tal era el encanto de su personalidad que su mera presencia podía traer la paz a las almas en angustia, y que aquellos que tocaban sus vestiduras o sus manos olvidaban su dolor; o que a su paso por la carretera de la vida personas que no habían visto nada del misterio de la vida, lo veían con claridad, y otras que habían sido sordas a toda voz que no fuera la del placer oían por primera vez la voz del amor y la encontraban tan «musical como el laúd de Apolo»; o que las malas pasiones huían al acercarse él, y hombres cuyas vidas aburridas y sin imaginación no habían sido más que un modo de muerte se levantaban como de la tumba cuando él los llamaba; o que, cuando enseñaba en la ladera de la colina, la multitud olvidaba su hambre y su sed y las preocupaciones de este mundo, y que a sus amigos que le escuchaban sentados a la mesa la comida grosera les parecía delicada, y el agua te-

full of the odour and sweetness of nard.

Renan in his *Vie de Jesus* - that gracious fifth gospel, the gospel according to St. Thomas, one might call it - says somewhere that Christ's great achievement was that he made himself as much loved after his death as he had been during his lifetime. And certainly, if his place is among the poets, he is the leader of all the lovers. He saw that love was the first secret of the world for which the wise men had been looking, and that it was only through love that one could approach either the heart of the leper or the feet of God.

And above all, Christ is the most supreme of individualists. Humility, like the artistic, acceptance of all experiences, is merely a mode of manifestation. It is man's soul that Christ is always looking for. He calls it 'God's Kingdom,' and finds it in every one. He compares it to little things, to a tiny seed, to a handful of leaven, to a pearl. That is because one realises one's soul only by getting rid of all alien passions, all acquired culture, and all external possessions, be they good or evil.

I bore up against everything with some stubbornness of will and much rebellion of nature, till I had absolutely nothing left in the world but one thing. I had lost my name, my position, my happiness, my freedom, my wealth. I was a prisoner and a pauper. But I still had my children left. Suddenly they were taken away from me by the law. It was a blow so appalling that I did not know what to do, so I flung myself on my knees, and bowed my head, and wept, and said, 'The body of a child is as the body of the Lord: I am not worthy of either.' That moment seemed to save me. I saw then that the only thing for me was to accept everything. Since then - curious as it will no doubt sound - I have been happier. It was of course my soul in its ultimate essence that I had reached. In many ways I had been its enemy, but I found it waiting for me as a friend. When one comes in contact with the soul it makes one simple as a child, as Christ said one should be.

It is tragic how few people ever 'possess their souls' before they die. 'Nothing is more rare in any man,' says Emerson, 'than an act of his own.' It is quite true. Most people are other people. Their thoughts are some one else's opinions, their lives a mimicry, their passions

nía el sabor del buen vino, y toda la casa se llenaba del olor y la dulzura del nardo.

Renan en su *Vie de Jesus* —ese gracioso quinto evangelio, el evangelio según Santo Tomás, podríamos llamarlo— dice en alguna parte que el gran logro de Cristo fue que se hizo amar tanto después de su muerte como lo había sido durante su vida. Y ciertamente, si su lugar está entre los poetas, es el líder de todos los amantes. Vio que el amor era el primer secreto del mundo que los sabios habían estado buscando, y que sólo a través del amor uno podía acercarse al corazón del leproso o a los pies de Dios.

Y por encima de todo, Cristo es el más supremo de los individualistas. La humildad, como lo artístico, la aceptación de todas las experiencias, no es más que un modo de manifestación. Es el alma del hombre lo que Cristo busca siempre. La llama «Reino de Dios» y la encuentra en cada uno. Lo compara con cosas pequeñas, con una semilla diminuta, con un puñado de levadura, con una perla. Eso es porque uno se da cuenta de su alma sólo al deshacerse de todas las pasiones ajenas, de toda la cultura adquirida y de todas las posesiones externas, ya sean buenas o malas.

Soporté todo con cierta terquedad de voluntad y mucha rebeldía de la naturaleza, hasta que no me quedó absolutamente nada en el mundo salvo una cosa. Había perdido mi nombre, mi posición, mi felicidad, mi libertad, mi riqueza. Era un prisionero y un indigente, pero aún me quedaban mis hijos. De repente, la ley me los arrebató. Fue un golpe tan atroz que no supe qué hacer, así que me arrodillé, incliné la cabeza, lloré y dije: «El cuerpo de un niño es como el cuerpo del Señor: no soy digno de ninguno de los dos». Ese momento pareció salvarme. Vi entonces que lo único que me convenía era aceptarlo todo. Desde entonces —por curioso que sin duda suene— he sido más feliz. Por supuesto, era a mi alma en su esencia última a la que había llegado. En muchos aspectos había sido su enemigo, pero la encontré esperándome como una amiga. Cuando uno entra en contacto con el alma, ésta le hace a uno sencillo como un niño, como Cristo dijo que debía ser.

Es trágico cuán pocas personas llegan a «poseer su alma» antes de morir. «Nada es más raro en un hombre», dice Emerson, «que un acto propio». Es muy cierto. La mayoría de las personas son otras personas. Sus pensamientos son las opiniones de otra persona, sus vidas un re-

a quotation. Christ was not merely the supreme individualist, but he was the first individualist in history. People have tried to make him out an ordinary philanthropist, or ranked him as an altruist with the scientific and sentimental. But he was really neither one nor the other. Pity he has, of course, for the poor, for those who are shut up in prisons, for the lowly, for the wretched; but he has far more pity for the rich, for the hard hedonists, for those who waste their freedom in becoming slaves to things, for those who wear soft raiment and live in kings' houses. Riches and pleasure seemed to him to be really greater tragedies than poverty or sorrow. And as for altruism, who knew better than he that it is vocation not volition that determines us, and that one cannot gather grapes of thorns or figs from thistles?

To live for others as a definite self-conscious aim was not his creed. It was not the basis of his creed. When he says, 'Forgive your enemies,' it is not for the sake of the enemy, but for one's own sake that he says so, and because love is more beautiful than hate. In his own entreaty to the young man, 'Sell all that thou hast and give to the poor,' it is not of the state of the poor that he is thinking but of the soul of the young man, the soul that wealth was marring. In his view of life he is one with the artist who knows that by the inevitable law of self-perfection, the poet must sing, and the sculptor think in bronze, and the painter make the world a mirror for his moods, as surely and as certainly as the hawthorn must blossom in spring, and the corn turn to gold at harvest-time, and the moon in her ordered wanderings change from shield to sickle, and from sickle to shield.

But while Christ did not say to men, 'Live for others,' he pointed out that there was no difference at all between the lives of others and one's own life. By this means he gave to man an extended, a Titan personality. Since his coming the history of each separate individual is, or can be made, the history of the world. Of course, culture has intensified the personality of man. Art has made us myriad-minded. Those who have the artistic temperament go into exile with Dante and learn how salt is the bread of others, and how steep their stairs; they catch for a moment the serenity and calm of Goethe, and yet know but too well that Baudelaire cried to God -

medo, sus pasiones una cita. Cristo no sólo fue el individualista supremo, sino que fue el primer individualista de la historia. La gente ha intentado hacer de él un filántropo ordinario, o lo ha clasificado como un altruista junto a los científicos y los sentimentales, pero en realidad no era ni lo uno ni lo otro. Tiene piedad, por supuesto, por los pobres, por los que están encerrados en las cárceles, por los humildes, por los miserables; pero tiene mucha más piedad por los ricos, por los duros hedonistas, por los que malgastan su libertad convirtiéndose en esclavos de las cosas, por los que visten ropas suaves y viven en casas de reyes. La riqueza y el placer le parecían realmente tragedias mayores que la pobreza o el dolor. Y en cuanto al altruismo, ¿quién sabía mejor que él que es la vocación y no la volición lo que nos determina y que no se pueden recoger uvas de las espinas ni higos de los cardos?

Vivir para los demás como un objetivo autoconsciente definido no era su credo, no era la base de su credo. Cuando dice: «Perdona a tus enemigos», no lo dice por el bien del enemigo, sino por el bien propio, y porque el amor es más hermoso que el odio. En su propia súplica al joven: «Vende todo lo que tienes y dáselo a los pobres», no es en el estado de los pobres en lo que está pensando, sino en el alma del joven, el alma que la riqueza estaba estropeando. En su visión de la vida es uno con el artista que sabe que por la inevitable ley de la autoperfección, el poeta debe cantar, y el escultor pensar en bronce, y el pintor hacer del mundo un espejo para sus estados de ánimo, tan seguro y tan cierto como que el espino debe florecer en primavera, y el maíz convertirse en oro en tiempo de cosecha, y la luna en sus ordenados vagabundeos cambiar de escudo a hoz, y de hoz a escudo.

Pero aunque Cristo no dijo a los hombres: «Vivid para los demás», señaló que no había diferencia alguna entre la vida de los demás y la propia vida. Con ello dotó al hombre de una personalidad ampliada, titánica. Desde su venida, la historia de cada individuo por separado es, o puede llegar a ser, la historia del mundo. Por supuesto, la cultura ha intensificado la personalidad del hombre. El arte nos ha convertido en miríadas. Los que tienen el temperamento artístico se exilian con Dante y aprenden cuán salado es el pan de los demás, y cuán empinadas sus escaleras; captan por un momento la serenidad y la calma de Goethe, y sin embargo saben demasiado bien que Baudelaire clamó a Dios:

"Ô Seigneur, donnez-moi la force et le courage
De contempler mon corps et mon cœur sans dégoût."

Out of Shakespeare's sonnets they draw, to their own hurt it may be, the secret of his love and make it their own; they look with new eyes on modern life, because they have listened to one of Chopin's nocturnes, or handled Greek things, or read the story of the passion of some dead man for some dead woman whose hair was like threads of fine gold, and whose mouth was as a pomegranate. But the sympathy of the artistic temperament is necessarily with what has found expression. In words or in colours, in music or in marble, behind the painted masks of an Aeschylean play, or through some Sicilian shepherds' pierced and jointed reeds, the man and his message must have been revealed.

To the artist, expression is the only mode under which he can conceive life at all. To him what is dumb is dead. But to Christ it was not so. With a width and wonder of imagination that fills one almost with awe, he took the entire world of the inarticulate, the voiceless world of pain, as his kingdom, and made of himself its eternal mouthpiece. Those of whom I have spoken, who are dumb under oppression, and 'whose silence is heard only of God,' he chose as his brothers. He sought to become eyes to the blind, ears to the deaf, and a cry in the lips of those whose tongues had been tied. His desire was to be to the myriads who had found no utterance a very trumpet through which they might call to heaven. And feeling, with the artistic nature of one to whom suffering and sorrow were modes through which he could realise his conception of the beautiful, that an idea is of no value till it becomes incarnate and is made an image, he made of himself the image of the Man of Sorrows, and as such has fascinated and dominated art as no Greek god ever succeeded in doing.

For the Greek gods, in spite of the white and red of their fair fleet limbs, were not really what they appeared to be. The curved brow of Apollo was like the sun's disc crescent over a hill at dawn, and his feet were as the wings of the morning, but he himself had been cruel to Marsyas and had made Niobe childless. In the steel shields of Athena's eyes there had been no pity for Arachne; the pomp and peacocks of Hera were all that was really noble about her; and the Fa-

«O Seigneur, donnez moi la force et le courage
De contempler mon corps et mon coeur sans dégoût.»

De los sonetos de Shakespeare extraen, para su propio daño pue-
de ser, el secreto de su amor y lo hacen suyo; miran con ojos nuevos
la vida moderna, porque han escuchado uno de los nocturnos de Cho-
pin, observado artefactos griegos o leído la historia de la pasión de al-
gún hombre muerto por alguna mujer muerta cuyo cabello era como
hilos de oro fino y cuya boca era como una granada. Pero la simpatía del
temperamento artístico está necesariamente con lo que ha encontrado
expresión. En palabras o en colores, en música o en mármol, detrás de
las máscaras pintadas de una obra de Esquilo o a través de las cañas
agujereadas y articuladas de unos pastores sicilianos, el hombre y su
mensaje deben haberse revelado.

Para el artista, la expresión es el único modo bajo el cual puede con-
cebir la vida en absoluto. Para él, lo que es mudo está muerto. Pero para
Cristo no fue así. Con una amplitud y una maravilla de imaginación que
casi lo llenan a uno de asombro, tomó todo el mundo de los inarticula-
dos, el mundo sin voz del dolor, como su reino, e hizo de sí mismo su
eterno portavoz. A aquellos de los que he hablado, que son mudos bajo
la opresión, y «cuyo silencio sólo Dios oye», los eligió como sus herma-
nos. Trató de convertirse en ojos para los ciegos, en oídos para los sor-
dos y en un grito en los labios de aquellos cuya lengua había sido atada.
Su deseo era ser para las miríadas que no habían encontrado expresión
una trompeta misma a través de la cual pudieran llamar al cielo. Y sin-
tiendo, con la naturaleza artística de alguien para quien el sufrimiento y
el dolor eran modos a través de los cuales podía realizar su concepción
de lo bello, que una idea no tiene valor hasta que se encarna y se hace
imagen, hizo de sí mismo la imagen del Varón de Dolores, y como tal
ha fascinado y dominado el arte como ningún dios griego logró hacerlo
jamás.

Pues los dioses griegos, a pesar del blanco y el rojo de sus bellos y ve-
loces miembros, no eran realmente lo que parecían. La frente curvada
de Apolo era como el disco creciente del sol sobre una colina al amane-
cer y sus pies eran como las alas de la mañana, pero él mismo había sido
cruel con Marsias y había dejado sin hijos a Niobe. En los escudos de
acero de los ojos de Atenea no había habido piedad por Aracne; la pom-
pa y los pavos reales de Hera eran todo lo realmente noble que había en

ther of the Gods himself had been too fond of the daughters of men. The two most deeply suggestive figures of Greek Mythology were, for religion, Demeter, an Earth Goddess, not one of the Olympians, and for art, Dionysus, the son of a mortal woman to whom the moment of his birth had proved also the moment of her death.

But Life itself from its lowliest and most humble sphere produced one far more marvellous than the mother of Proserpina or the son of Semele. Out of the Carpenter's shop at Nazareth had come a personality infinitely greater than any made by myth and legend, and one, strangely enough, destined to reveal to the world the mystical meaning of wine and the real beauties of the lilies of the field as none, either on Cithaeron or at Enna, had ever done.

The song of Isaiah, 'He is despised and rejected of men, a man of sorrows and acquainted with grief: and we hid as it were our faces from him,' had seemed to him to prefigure himself, and in him the prophecy was fulfilled. We must not be afraid of such a phrase. Every single work of art is the fulfilment of a prophecy: for every work of art is the conversion of an idea into an image. Every single human being should be the fulfilment of a prophecy: for every human being should be the realisation of some ideal, either in the mind of God or in the mind of man. Christ found the type and fixed it, and the dream of a Virgilian poet, either at Jerusalem or at Babylon, became in the long progress of the centuries incarnate in him for whom the world was waiting.

To me one of the things in history the most to be regretted is that the Christ's own renaissance, which has produced the Cathedral at Chartres, the Arthurian cycle of legends, the life of St. Francis of Assisi, the art of Giotto, and Dante's *Divine Comedy*, was not allowed to develop on its own lines, but was interrupted and spoiled by the dreary classical Renaissance that gave us Petrarch, and Raphael's frescoes, and Palladian architecture, and formal French tragedy, and St. Paul's Cathedral, and Pope's poetry, and everything that is made from without and by dead rules, and does not spring from within through some spirit informing it. But wherever there is a romantic movement in art there somehow, and under some form, is Christ, or the soul of Christ. He is in *Romeo and Juliet*, in the *Winter's Tale*, in Provencal poetry, in

ella; y el propio Padre de los Dioses se había encariñado demasiado con las hijas de los hombres. Las dos figuras más profundamente sugestivas de la mitología griega eran, para la religión, Deméter, una diosa de la Tierra, no una de los olímpicos, y para el arte, Dioniso, el hijo de una mujer mortal para quien el momento de su nacimiento había resultado ser también el momento de su muerte.

Pero la vida misma, desde su esfera más baja y humilde, produjo a alguien mucho más maravilloso que la madre de Proserpina o el hijo de Sémele. Del taller del carpintero de Nazaret había surgido una personalidad infinitamente más grande que cualquiera de las creadas por el mito y la leyenda, y una, por extraño que parezca, destinada a revelar al mundo el significado místico del vino y las bellezas reales de los lirios del campo como nadie, ni en Citerón ni en Enna, lo había hecho jamás.

El cántico de Isaías: «Despreciado y desechado por los hombres, varón de dolores y experimentado en quebranto, y como si hubiéramos escondido de él el rostro», le había parecido que se prefiguraba a sí mismo y en él se cumplió la profecía. No debemos asustarnos ante semejante frase. Toda obra de arte es el cumplimiento de una profecía: pues toda obra de arte es la conversión de una idea en una imagen. Todo ser humano debe ser el cumplimiento de una profecía: pues todo ser humano debe ser la realización de algún ideal, ya sea en la mente de Dios o en la mente del hombre. Cristo encontró el tipo y lo fijó, y el sueño de un poeta virgiliano, ya fuera en Jerusalén o en Babilonia, se encarnó en el largo progreso de los siglos en aquel a quien el mundo esperaba.

En mi opinión, una de las cosas más lamentables de la historia es que no se permitiera que el propio renacimiento de Cristo, que produjo la catedral de Chartres, el ciclo de leyendas artúricas, la vida de San Francisco de Asís, el arte de Giotto y la *Divina Comedia* de Dante, se desarrollara según sus propias líneas, sino que fuera interrumpido y estropeado por el monótono Renacimiento clásico que nos dio a Petrarca, los frescos de Rafael, la arquitectura palladiana, la tragedia francesa formal, la catedral de San Pablo, la poesía de Pope y todo lo que se hace desde fuera y según reglas muertas y no surge desde dentro a través de algún espíritu que lo informa. Pero dondequiera que haya un movimiento romántico en el arte, de alguna manera, y bajo alguna forma, está Cristo, o el alma de Cristo. Está en *Romeo y Julieta*, en el *Cuento de Invierno*, en la

the *Ancient Mariner*, in *La belle dame sans merci*, and in Chatterton's *Ballade of Charity*.

We owe to him the most diverse things and people. Hugo's *Les misérables*, Baudelaire's *Fleurs du mal*, the note of pity in Russian novels, Verlaine and Verlaine's poems, the stained glass and tapestries and the quattro-cento work of Burne-Jones and Morris, belong to him no less than the tower of Giotto, Lancelot and Guinevere, Tannhauser, the troubled romantic marbles of Michael Angelo, pointed architecture, and the love of children and flowers - for both of which, indeed, in classical art there was but little place, hardly enough for them to grow or play in, but which, from the twelfth century down to our own day, have been continually making their appearances in art, under various modes and at various times, coming fitfully and wilfully, as children, as flowers, are apt to do: spring always seeming to one as if the flowers had been in hiding, and only came out into the sun because they were afraid that grown up people would grow tired of looking for them and give up the search; and the life of a child being no more than an April day on which there is both rain and sun for the narcissus.

It is the imaginative quality of Christ's own nature that makes him this palpitating centre of romance. The strange figures of poetic drama and ballad are made by the imagination of others, but out of his own imagination entirely did Jesus of Nazareth create himself. The cry of Isaiah had really no more to do with his coming than the song of the nightingale has to do with the rising of the moon - no more, though perhaps no less. He was the denial as well as the affirmation of prophecy. For every expectation that he fulfilled there was another that he destroyed. 'In all beauty,' says Bacon, 'there is some strangeness of proportion,' and of those who are born of the spirit - of those, that is to say, who like himself are dynamic forces - Christ says that they are like the wind that 'bloweth where it listeth, and no man can tell whence it cometh and whither it goeth.' That is why he is so fascinating to artists. He has all the colour elements of life: mystery, strangeness, pathos, suggestion, ecstasy, love. He appeals to the temper of wonder, and creates that mood in which alone he can be understood.

And to me it is a joy to remember that if he is 'of imagination all

poesía provenzal, en el *Viejo Marinero*, en *La Belle Dame sans merci* y en la *Balada de la Caridad* de Chatterton.

Le debemos las cosas y las personas más diversas. *Los Miserables* de Hugo, las *Fleurs du Mal* de Baudelaire, la nota de piedad en las novelas rusas, Verlaine y los poemas de Verlaine, los vitrales y tapices y la obra del quattro-cento de Burne-Jones y Morris, le pertenecen no menos que la torre de Giotto, Lancelot y Ginebra, «Tannhäuser», los atribulados mármoles románticos de Miguel Ángel, la arquitectura puntiaguda, y el amor por los niños y las flores, ya que en el arte clásico apenas había lugar para que crecieran o jugaran, pero que, desde el siglo XII hasta nuestros días, no han dejado de hacer su aparición en el arte, bajo diversas formas y en distintos momentos, de forma caprichosa y voluntaria, como suelen hacer los niños y las flores: la primavera siempre le parece a uno como si las flores hubieran estado escondidas y sólo hubieran salido al sol porque temían que la gente adulta se cansara de buscarlas y abandonara la búsqueda; y la vida de un niño no es más que un día de abril en el que hay tanto lluvia como sol para los narcisos.

Es la cualidad imaginativa de la propia naturaleza de Cristo lo que le convierte en este palpitante centro del romance. Las extrañas figuras del drama poético y de la balada están hechas por la imaginación de otros, pero de su propia imaginación se creó por completo Jesús de Nazaret. El grito de Isaías no tenía realmente más que ver con su venida de lo que el canto del ruiseñor tiene que ver con la salida de la luna; no más, aunque quizá tampoco menos. Él fue la negación así como la afirmación de la profecía. Por cada expectativa que cumplió hubo otra que destruyó. «En toda belleza», dice Bacon, «hay cierta extrañeza de proporción», y de aquellos que han nacido del espíritu, es decir, aquellos que como él son fuerzas dinámicas, Cristo dice que son como el viento que «sopla donde quiere y nadie puede decir de dónde viene ni hacia dónde va». Por eso es tan fascinante para los artistas. Tiene todos los elementos de color de la vida: misterio, extrañeza, patetismo, sugestión, éxtasis, amor. Apela al temperamento del asombro y crea ese estado de ánimo en el que sólo él puede ser comprendido.

Y para mí es una alegría recordar que si él es «de imaginación todo

compact,' the world itself is of the same substance. I said in *Dorian Gray* that the great sins of the world take place in the brain: but it is in the brain that everything takes place. We know now that we do not see with the eyes or hear with the ears. They are really channels for the transmission, adequate or inadequate, of sense impressions. It is in the brain that the poppy is red, that the apple is odorous, that the skylark sings.

Of late I have been studying with diligence the four prose poems about Christ. At Christmas I managed to get hold of a Greek Testament, and every morning, after I had cleaned my cell and polished my tins, I read a little of the Gospels, a dozen verses taken by chance anywhere. It is a delightful way of opening the day. Every one, even in a turbulent, ill-disciplined life, should do the same. Endless repetition, in and out of season, has spoiled for us the freshness, the *naïveté*, the simple romantic charm of the Gospels. We hear them read far too often and far too badly, and all repetition is anti-spiritual. When one returns to the Greek; it is like going into a garden of lilies out of some, narrow and dark house.

And to me, the pleasure is doubled by the reflection that it is extremely probable that we have the actual terms, the *ipssima verba*, used by Christ. It was always supposed that Christ talked in Aramaic. Even Renan thought so. But now we know that the Galilean peasants, like the Irish peasants of our own day, were bilingual, and that Greek was the ordinary language of intercourse all over Palestine, as indeed all over the Eastern world. I never liked the idea that we knew of Christ's own words only through a translation of a translation. It is a delight to me to think that as far as his conversation was concerned, Charmides might have listened to him, and Socrates reasoned with him, and Plato understood him: that he really said γ″ εμιποιμνôκαλός: that when he thought of the lilies of the field and how they neither toil nor spin, his absolute expression was καταμθετε τκρίνα τογροπς αξνει οκοπιοδνθει and that his last word when he cried out 'my life has been completed, has reached its fulfilment, has been perfected,' was exactly as St. John tells us it was: τετλεσται: no more.

While in reading the Gospels - particularly that of St. John himself, or whatever early Gnostic took his name and mantle - I see the con-

compacto», el mundo mismo es de la misma sustancia. Yo dije en *Dorian Gray* que los grandes pecados del mundo tienen lugar en el cerebro: pero es en el cerebro donde todo tiene lugar. Ahora sabemos que no vemos con los ojos ni oímos con los oídos. Son realmente canales para la transmisión, adecuada o inadecuada, de las impresiones sensoriales. Es en el cerebro donde la amapola es roja, donde la manzana es fragante, donde la alondra canta.

Últimamente he estado estudiando con diligencia los cuatro poemas en prosa sobre Cristo. En Navidad conseguí un Testamento en griego y, cada mañana, después de limpiar mi celda y sacar brillo a mi vajilla de lata, leo un poco de los Evangelios, una docena de versos tomados al azar de cualquier parte. Es una forma deliciosa de empezar el día. Todo el mundo, incluso con una vida turbulenta y mal disciplinada, debería hacer lo mismo. La repetición interminable, una y otra vez, nos ha estropeado la frescura, la *naïveté*, el sencillo encanto romántico de los Evangelios. Los oímos leer con demasiada frecuencia y demasiado mal, y toda repetición es antiespiritual. Cuando uno vuelve a los griegos, es como entrar en un jardín de lirios saliendo de alguna casa estrecha y oscura.

Y para mí, el placer es doble por la reflexión de que es extremadamente probable que tengamos los términos reales, la *ipsissima verba*, utilizada por Cristo. Siempre se supuso que Cristo hablaba en arameo, incluso Renan lo pensaba. Pero ahora sabemos que los campesinos galileos, como los campesinos irlandeses de nuestros días, eran bilingües, y que el griego era la lengua ordinaria de las relaciones en toda Palestina, como de hecho en todo el mundo oriental. Nunca me gustó la idea de que conociéramos las propias palabras de Cristo sólo a través de una traducción de una traducción. Me deleita pensar que, en lo que respecta a su conversación, Cármides pudo haberle escuchado y Sócrates razonó con él y Platón le entendió: que realmente dijo γ″ εμιποιμνôκαλός: que cuando pensaba en los lirios del campo y en cómo ni trabajan ni hilan, su expresión absoluta fue καταμθετε τκρίνα τογροπς αξνει οκοπιοδνθει y que su última palabra cuando gritó «mi vida se ha completado, ha llegado a su plenitud, se ha perfeccionado», fue exactamente como San Juan nos dice que fue: τετλεσται: no más.

Si bien al leer los Evangelios —especialmente el del propio San Juan, o de cualquier gnóstico primitivo que tomara su nombre y manto— veo

57

tinual assertion of the imagination as the basis of all spiritual and material life, I see also that to Christ imagination was simply a form of love, and that to him love was lord in the fullest meaning of the phrase. Some six weeks ago I was allowed by the doctor to have white bread to eat instead of the coarse black or brown bread of ordinary prison fare. It is a great delicacy. It will sound strange that dry bread could possibly be a delicacy to any one. To me it is so much so that at the close of each meal I carefully eat whatever crumbs may be left on my tin plate, or have fallen on the rough towel that one uses as a cloth so as not to soil one's table; and I do so not from hunger - I get now quite sufficient food - but simply in order that nothing should be wasted of what is given to me. So one should look on love.

Christ, like all fascinating personalities, had the power of not merely saying beautiful things himself, but of making other people say beautiful things to him; and I love the story St. Mark tells us about the Greek woman, who, when as a trial of her faith he said to her that he could not give her the bread of the children of Israel, answered him that the little dogs - κυνρια, 'little dogs' it should be rendered - who are under the table eat of the crumbs that the children let fall. Most people live for love and admiration. But it is by love and admiration that we should live. If any love is shown us we should recognise that we are quite unworthy of it. Nobody is worthy to be loved. The fact that God loves man shows us that in the divine order of ideal things it is written that eternal love is to be given to what is eternally unworthy. Or if that phrase seems to be a bitter one to bear, let us say that every one is worthy of love, except him who thinks that he is. Love is a sacrament that should be taken kneeling, and *Domine, non sum dignus* should be on the lips and in the hearts of those who receive it.

If ever I write again, in the sense of producing artistic work, there are just two subjects on which and through which I desire to express myself: one is 'Christ as the precursor of the romantic movement in life': the other is 'The artistic life considered in its relation to conduct.' The first is, of course, intensely fascinating, for I see in Christ not merely the essentials of the supreme romantic type, but all the accidents, the wilfulnesses even, of the romantic temperament also. He was the first person who ever said to people that they should live

la continua afirmación de la imaginación como base de toda vida espiritual y material, veo también que para Cristo la imaginación era simplemente una forma de amor, y que para él el amor era el señor en el sentido más pleno de la frase. Hace unas seis semanas el médico me permitió comer pan blanco en lugar del tosco pan negro o integral de la comida ordinaria de la prisión. Es un gran manjar. Sonará extraño que el pan seco pueda ser un manjar para alguien. Para mí lo es tanto que al final de cada comida me como con cuidado las migas que puedan haber quedado en mi plato de hojalata, o que hayan caído sobre la toalla áspera que se utiliza como paño para no ensuciar la mesa; y no lo hago por hambre —ahora tengo comida más que suficiente— sino simplemente para que no se desperdicie nada de lo que se me da. Así hay que ver el amor.

Cristo, como todas las personalidades fascinantes, tenía el poder no sólo de decir cosas bellas él mismo, sino de hacer que otras personas le dijeran cosas bellas a él; y admiro la historia que San Marcos nos cuenta de la mujer griega que, cuando como prueba de su fe él le dijo que no podía darle el pan de los hijos de Israel, le contestó que los perritos —κυνρια, «perritos» debería traducirse— que están debajo de la mesa comen de las migajas que los niños dejan caer. La mayoría de la gente vive por amor y admiración, pero es por amor y admiración por lo que deberíamos vivir. Si se nos muestra algún amor, deberíamos reconocer que somos bastante indignos de él. Nadie es digno de ser amado. El hecho de que Dios ame al hombre nos muestra que en el orden divino de las cosas ideales está escrito que el amor eterno debe darse a lo que es eternamente indigno. O si esa frase nos parece amarga de soportar, digamos que todo el mundo es digno de amor, excepto aquel que piensa que lo es. El amor es un sacramento que debe tomarse de rodillas, y *Domine, non sum dignus* debe estar en los labios y en el corazón de quienes lo reciben.

Si alguna vez vuelvo a escribir, en el sentido de producir obras artísticas, sólo hay dos temas sobre los que y a través de los cuales deseo expresarme: uno es «Cristo como precursor del movimiento romántico en la vida», el otro es «La vida artística considerada en su relación con la conducta». El primero es, por supuesto, intensamente fascinante, pues veo en Cristo no sólo lo esencial del tipo romántico supremo, sino todos los accidentes, las veleidades incluso, del temperamento romántico. Fue la primera persona que dijo a la gente que debían vivir «vidas como

'flower-like lives.' He fixed the phrase. He took children as the type of what people should try to become. He held them up as examples to their elders, which I myself have always thought the chief use of children, if what is perfect should have a use. Dante describes the soul of a man as coming from the hand of God 'weeping and laughing like a little child,' and Christ also saw that the soul of each one should be a *guisa di fanciulla che piangendo e ridendo pargoleggia*. He felt that life was changeful, fluid, active, and that to allow it to be stereotyped into any form was death. He saw that people should not be too serious over material, common interests: that to be unpractical was to be a great thing: that one should not bother too much over affairs. The birds didn't, why should man? He is charming when he says, 'Take no thought for the morrow; is not the soul more than meat? is not the body more than raiment?' A Greek might have used the latter phrase. It is full of Greek feeling. But only Christ could have said both, and so summed up life perfectly for us.

His morality is all sympathy, just what morality should be. If the only thing that he ever said had been, 'Her sins are forgiven her because she loved much,' it would have been worth while dying to have said it. His justice is all poetical justice, exactly what justice should be. The beggar goes to heaven because he has been unhappy. I cannot conceive a better reason for his being sent there. The people who work for an hour in the vineyard in the cool of the evening receive just as much reward as those who have toiled there all day long in the hot sun. Why shouldn't they? Probably no one deserved anything. Or perhaps they were a different kind of people. Christ had no patience with the dull lifeless mechanical systems that treat people as if they were things, and so treat everybody alike: for him there were no laws: there were exceptions merely, as if anybody, or anything, for that matter, was like aught else in the world!

That which is the very keynote of romantic art was to him the proper basis of natural life. He saw no other basis. And when they brought him one, taken in the very act of sin and showed him her sentence written in the law, and asked him what was to be done, he wrote with his finger on the ground as though he did not hear them, and finally, when they pressed him again, looked up and said, 'Let him of you who has never sinned be the first to throw the stone at her.' It was

flores». Él fijó la frase. Tomó a los niños como el tipo de lo que la gente debía tratar de llegar a ser. Los puso como ejemplo para sus mayores, lo que yo mismo siempre he pensado que es el principal uso de los niños, si es que lo que es perfecto debe tener un uso. Dante describe el alma de un hombre como salida de la mano de Dios «llorando y riendo como un niño pequeño», y Cristo también vio que el alma de cada uno debería ser una *guisa di fanciulla che piangendo e ridendo pargoleggia*. Él sentía que la vida era cambiante, fluida, activa y que permitir que se estereotipase en cualquier forma era la muerte. Veía que la gente no debía ser demasiado seria en cuanto a los intereses materiales y comunes: que ser poco práctico era ser una gran cosa: que no había que preocuparse demasiado por los asuntos. Los pájaros no lo hacían, ¿por qué habría de hacerlo el hombre? Es encantador cuando dice: «No penséis en el mañana; ¿no es el alma más que la carne? ¿no es el cuerpo más que el vestido?». Un griego podría haber utilizado esta última frase, está llena de sentimiento griego. Pero sólo Cristo podría haber dicho ambas cosas y resumir así la vida perfectamente para nosotros.

Su moral es toda simpatía, exactamente lo que debería ser la moral. Si lo único que hubiera dicho hubiera sido: «Se le perdonan sus pecados porque amó mucho», habría valido la pena morir por haberlo dicho. Su justicia es toda justicia poética, exactamente lo que debería ser la justicia. El mendigo va al cielo porque ha sido infeliz. No puedo concebir una razón mejor para que se le envíe allí. Las personas que trabajan durante una hora en la viña al fresco de la tarde reciben tanta recompensa como las que se han afanado allí todo el día bajo el sol ardiente. ¿Por qué no habrían de hacerlo? Probablemente nadie merecía nada. O tal vez eran una clase diferente de personas. Cristo no tenía paciencia con los aburridos sistemas mecánicos sin vida que tratan a las personas como si fueran cosas y así tratan a todos por igual: ¡para él no había leyes: sólo había excepciones, como si alguien, o cualquier cosa, para el caso, fuera como cualquier otra cosa en el mundo!

Aquello que es la nota clave misma del arte romántico era para él la base propia de la vida natural. No veía otra base. Y cuando le trajeron a una, tomada en el acto mismo de pecar, y le mostraron su sentencia escrita en la ley, y le preguntaron qué había que hacer, escribió con el dedo en el suelo como si no les oyera, y finalmente, cuando volvieron a presionarle, levantó la vista y dijo: «Que aquel de vosotros que nunca haya pecado sea el primero en arrojarle la piedra», valió la pena vivir

worth while living to have said that.

Like all poetical natures he loved ignorant people. He knew that in the soul of one who is ignorant there is always room for a great idea. But he could not stand stupid people, especially those who are made stupid by education: people who are full of opinions not one of which they even understand, a peculiarly modern type, summed up by Christ when he describes it as the type of one who has the key of knowledge, cannot use it himself, and does not allow other people to use it, though it may be made to open the gate of God's Kingdom. His chief war was against the Philistines. That is the war every child of light has to wage. Philistinism was the note of the age and community in which he lived. In their heavy inaccessibility to ideas, their dull respectability, their tedious orthodoxy, their worship of vulgar success, their entire preoccupation with the gross materialistic side of life, and their ridiculous estimate of themselves and their importance, the Jews of Jerusalem in Christ's day were the exact counterpart of the British Philistine of our own. Christ mocked at the 'whited sepulchre' of respectability, and fixed that phrase for ever. He treated worldly success as a thing absolutely to be despised. He saw nothing in it at all. He looked on wealth as an encumbrance to a man. He would not hear of life being sacrificed to any system of thought or morals. He pointed out that forms and ceremonies were made for man, not man for forms and ceremonies. He took sabbatarianism as a type of the things that should be set at nought. The cold philanthropies, the ostentatious public charities, the tedious formalisms so dear to the middle-class mind, he exposed with utter and relentless scorn. To us, what is termed orthodoxy is merely a facile unintelligent acquiescence; but to them, and in their hands, it was a terrible and paralysing tyranny. Christ swept it aside. He showed that the spirit alone was of value. He took a keen pleasure in pointing out to them that though they were always reading the law and the prophets, they had not really the smallest idea of what either of them meant. In opposition to their tithing of each separate day into the fixed routine of prescribed duties, as they tithe mint and rue, he preached the enormous importance of living completely for the moment.

Those whom he saved from their sins are saved simply for beautiful moments in their lives. Mary Magdalen, when she sees Christ, breaks the rich vase of alabaster that one of her seven lovers had

para haber dicho eso.

Como todas las naturalezas poéticas, amaba a la gente ignorante. Sabía que en el alma de un ignorante siempre hay lugar para una gran idea. Pero no soportaba a la gente estúpida, sobre todo a la que la educación vuelve estúpida: gente llena de opiniones de las que ni siquiera entiende uno, un tipo peculiarmente moderno, resumido por Cristo cuando lo describe como el tipo de quien tiene la llave del conocimiento, no puede usarla él mismo y no permite que otra gente la use, aunque se la haga para abrir la puerta del Reino de Dios. Su principal guerra fue contra los filisteos. Esa es la guerra que todo hijo de la luz tiene que librar. El filisteísmo era la nota de la época y de la comunidad en que vivió. En su pesada inaccesibilidad a las ideas, su aburrida respetabilidad, su tediosa ortodoxia, su culto al éxito vulgar, su entera preocupación por el burdo lado materialista de la vida y su ridícula estimación de sí mismos y de su importancia, los judíos de Jerusalén en tiempos de Cristo eran la contrapartida exacta del filisteo británico de los nuestros. Cristo se burló del «sepulcro blanqueado» de la respetabilidad y fijó esa frase para siempre. Trataba el éxito mundano como algo absolutamente despreciable. No veía nada en él. Consideraba la riqueza como un estorbo para el hombre. No quería oír que se sacrificara la vida a ningún sistema de pensamiento o moral. Señalaba que las formas y las ceremonias estaban hechas para el hombre, no el hombre para las formas y las ceremonias. Tomó el respeto por el sabbat como un tipo de las cosas que debían ser desechadas. Las frías filantropías, las ostentosas obras de caridad pública, los tediosos formalismos tan queridos por la mente de la clase media, los expuso con un desprecio total e implacable. Para nosotros, lo que se denomina ortodoxia no es más que una fácil aquiescencia poco inteligente; pero para ellos y en sus manos, era una tiranía terrible y paralizante. Cristo la anuló y demostró que sólo el espíritu tenía valor. Se complacía en señalarles que, aunque siempre estaban leyendo la ley y los profetas, en realidad ignoraban lo que significaba ninguno de ellos. En oposición a que diezmaran cada día por separado en la rutina fija de los deberes prescritos, como diezman la menta y la ruda, predicó la enorme importancia de vivir completamente el momento.

Aquellos a quienes salvó de sus pecados se salvan simplemente por momentos hermosos en sus vidas. María Magdalena, cuando ve a Cristo, rompe el rico jarrón de alabastro que uno de sus siete amantes le ha-

given her, and spills the odorous spices over his tired dusty feet, and for that one moment's sake sits for ever with Ruth and Beatrice in the tresses of the snow-white rose of Paradise. All that Christ says to us by the way of a little warning is that every moment should be beautiful, that the soul should always be ready for the coming of the bridegroom, always waiting for the voice of the lover, Philistinism being simply that side of man's nature that is not illumined by the imagination. He sees all the lovely influences of life as modes of light: the imagination itself is the world of light. The world is made by it, and yet the world cannot understand it: that is because the imagination is simply a manifestation of love, and it is love and the capacity for it that distinguishes one human being from another.

But it is when he deals with a sinner that Christ is most romantic, in the sense of most real. The world had always loved the saint as being the nearest possible approach to the perfection of God. Christ, through some divine instinct in him, seems to have always loved the sinner as being the nearest possible approach to the perfection of man. His primary desire was not to reform people, any more than his primary desire was to a relieve suffering. To turn an interesting thief into a tedious honest man was not his aim. He would have thought little of the Prisoners' Aid Society and other modern movements of the kind. The conversion of a publican into a Pharisee would not have seemed to him a great achievement. But in a manner not yet understood of the world he regarded sin and suffering as being in themselves beautiful holy things and modes of perfection.

It seems a very dangerous idea. It is - all great ideas are dangerous. That it was Christ's creed admits of no doubt. That it is the true creed I don't doubt myself.

Of course the sinner must repent. But why? Simply because otherwise he would be unable to realise what he had done. The moment of repentance is the moment of initiation. More than that: it is the means by which one alters one's past. The Greeks thought that impossible. They often say in their Gnomic aphorisms, 'Even the Gods cannot alter the past.' Christ showed that the commonest sinner could do it, that it was the one thing he could do. Christ, had he been asked, would have said - I feel quite certain about it - that the mo-

bía regalado y derrama las especias olorosas sobre sus pies cansados y polvorientos y por ese único momento se sienta para siempre con Ruth y Beatriz en las trenzas de rosa blanca como la nieve del Paraíso. Todo lo que Cristo nos dice a modo de pequeña advertencia es que cada momento debe ser bello, que el alma debe estar siempre preparada para la llegada del esposo, esperando siempre la voz del amante, siendo el filisteísmo simplemente ese lado de la naturaleza del hombre que no está iluminado por la imaginación. Ve todas las influencias encantadoras de la vida como modos de luz: la imaginación misma es el mundo de la luz. El mundo está hecho por ella y sin embargo el mundo no puede comprenderla: eso es porque la imaginación es simplemente una manifestación del amor y es el amor y la capacidad para él lo que distingue a un ser humano de otro.

Pero es cuando trata con un pecador cuando Cristo es más romántico, en el sentido más real. El mundo siempre había amado al santo por ser la aproximación más cercana posible a la perfección de Dios. Cristo, por algún instinto divino en él, parece haber amado siempre al pecador por ser la aproximación más cercana posible a la perfección del hombre. Su deseo primordial no era reformar a la gente, como tampoco lo era aliviar el sufrimiento. Convertir a un interesante ladrón en un tedioso hombre honesto no era su objetivo. Habría pensado poco en la Sociedad de Ayuda a los Prisioneros y en otros movimientos modernos de ese tipo. La conversión de un publicano en fariseo no le habría parecido un gran logro. Pero de una manera que el mundo aún no comprendía, consideraba el pecado y el sufrimiento como cosas santas en sí mismas hermosas y modos de perfección.

Parece una idea muy peligrosa. Lo es: todas las grandes ideas son peligrosas. Que fue el credo de Cristo no admite duda. Que es el verdadero credo no lo dudo yo mismo.

Por supuesto que el pecador debe arrepentirse. ¿Pero por qué? Simplemente porque de lo contrario sería incapaz de darse cuenta de lo que ha hecho. El momento del arrepentimiento es el momento de la iniciación. Más que eso: es el medio por el que uno altera su pasado. Los griegos pensaban que eso era imposible. A menudo dicen en sus aforismos gnómicos: «Ni siquiera los dioses pueden alterar el pasado». Cristo demostró que el pecador más común podía hacerlo, que era lo único que podía hacer. Cristo, si le hubieran preguntado, habría dicho —me siento

ment the prodigal son fell on his knees and wept, he made his having wasted his substance with harlots, his swine-herding and hungering for the husks they ate, beautiful and holy moments in his life. It is difficult for most people to grasp the idea. I dare say one has to go to prison to understand it. If so, it may be worth while going to prison.

There is something so unique about Christ. Of course just as there are false dawns before the dawn itself, and winter days so full of sudden sunlight that they will cheat the wise crocus into squandering its gold before its time, and make some foolish bird call to its mate to build on barren boughs, so there were Christians before Christ. For that we should be grateful. The unfortunate thing is that there have been none since. I make one exception, St. Francis of Assisi. But then God had given him at his birth the soul of a poet, as he himself when quite young had in mystical marriage taken poverty as his bride: and with the soul of a poet and the body of a beggar he found the way to perfection not difficult. He understood Christ, and so he became like him. We do not require the *Liber Conformitatum* to teach us that the life of St. Francis was the true *Imitatio Christi*, a poem compared to which the book of that name is merely prose.

Indeed, that is the charm about Christ, when all is said: he is just like a work of art. He does not really teach one anything, but by being brought into his presence one becomes something. And everybody is predestined to his presence. Once at least in his life each man walks with Christ to Emmaus.

As regards the other subject, the Relation of the Artistic Life to Conduct, it will no doubt seem strange to you that I should select it. People point to Reading Gaol and say, 'That is where the artistic life leads a man.' Well, it might lead to worse places. The more mechanical people to whom life is a shrewd speculation depending on a careful calculation of ways and means, always know where they are going, and go there. They start with the ideal desire of being the parish beadle, and in whatever sphere they are placed they succeed in being the parish beadle and no more. A man whose desire is to be something separate from himself, to be a member of Parliament, or a successful grocer, or a prominent solicitor, or a judge, or something

muy seguro de ello— que en el momento en que el hijo pródigo cayó de rodillas y lloró, convirtió el mal uso de su esencia con rameras, de su pastoreo de cerdos y de su hambre por las cáscaras que comían, en momentos hermosos y santos de su vida. Para la mayoría de la gente es difícil captar la idea. Me atrevería a decir que hay que ir a la cárcel para entenderla. Si es así, puede que merezca la pena ir a la cárcel.

Hay algo tan único en Cristo. Por supuesto, igual que hay falsos amaneceres antes del amanecer mismo y días de invierno tan llenos de repentina luz solar que engañarán al sabio azafrán para que derroche su oro antes de tiempo y harán que algún pájaro insensato llame a su pareja para que construya sobre ramas estériles, también hubo cristianos antes de Cristo. Por eso debemos estar agradecidos. Lo lamentable es que no ha habido ninguno desde entonces. Hago una excepción, San Francisco de Asís. Pero entonces Dios le había dado al nacer el alma de un poeta, como él mismo cuando era bastante joven había tomado en matrimonio místico a la pobreza como esposa: y con el alma de un poeta y el cuerpo de un mendigo no encontró difícil el camino hacia la perfección. Comprendió a Cristo y así se hizo como él. No necesitamos el *Liber Conformitatum* para enseñarnos que la vida de San Francisco fue la verdadera *Imitatio Christi*, un poema comparado con el cual el libro de ese nombre es mera prosa.

De hecho, ése es el encanto de Cristo, cuando todo está dicho: es como una obra de arte. En realidad no enseña nada pero al ser llevado a su presencia uno se convierte en algo. Y todo el mundo está predestinado a su presencia. Una vez al menos en su vida cada hombre camina con Cristo hacia Emaús.

En cuanto al otro tema, la relación de la vida artística con la conducta, sin duda te parecerá extraño que lo elija. La gente señala la cárcel de Reading y dice: «Ahí es donde la vida artística lleva a un hombre». Pues bien, podría llevar a lugares peores. Las personas más mecánicas, para las que la vida es una astuta especulación que depende de un cuidadoso cálculo de caminos y medios, siempre saben adónde van, y allí van. Empiezan con el deseo ideal de ser el monaguillo de la parroquia, y en cualquier esfera en la que se les coloque consiguen ser el monaguillo de la parroquia y nada más. Un hombre cuyo deseo es ser algo separado de sí mismo, ser miembro del Parlamento, o un tendero de éxito, o un abogado prominente, o un juez, o algo igualmente tedioso, invariablemente

equally tedious, invariably succeeds in being what he wants to be. That is his punishment. Those who want a mask have to wear it.

But with the dynamic forces of life, and those in whom those dynamic forces become incarnate, it is different. People whose desire is solely for self-realisation never know where they are going. They can't know. In one sense of the word it is of course necessary, as the Greek oracle said, to know oneself: that is the first achievement of knowledge. But to recognise that the soul of a man is unknowable, is the ultimate achievement of wisdom. The final mystery is oneself. When one has weighed the sun in the balance, and measured the steps of the moon, and mapped out the seven heavens star by star, there still remains oneself. Who can calculate the orbit of his own soul? When the son went out to look for his father's asses, he did not know that a man of God was waiting for him with the very chrism of coronation, and that his own soul was already the soul of a king.

I hope to live long enough and to produce work of such a character that I shall be able at the end of my days to say, 'Yes! this is just where the artistic life leads a man!' Two of the most perfect lives I have come across in my own experience are the lives of Verlaine and of Prince Kropotkin: both of them men who have passed years in prison: the first, the one Christian poet since Dante; the other, a man with a soul of that beautiful white Christ which seems coming out of Russia. And for the last seven or eight months, in spite of a succession of great troubles reaching me from the outside world almost without intermission, I have been placed in direct contact with a new spirit working in this prison through man and things, that has helped me beyond any possibility of expression in words: so that while for the first year of my imprisonment I did nothing else, and can remember doing nothing else, but wring my hands in impotent despair, and say, 'What an ending, what an appalling ending!' now I try to say to myself, and sometimes when I am not torturing myself do really and sincerely say, 'What a beginning, what a wonderful beginning!' It may really be so. It may become so. If it does I shall owe much to this new personality that has altered every man's life in this place.

You may realise it when I say that had I been released last May, as I tried to be, I would have left this place loathing it and every official

consigue ser lo que quiere ser. Ése es su castigo. Los que quieren una máscara tienen que ponérsela.

Pero con las fuerzas dinámicas de la vida y con aquellos en quienes esas fuerzas dinámicas se encarnan, es diferente. Las personas cuyo único deseo es la autorrealización nunca saben adónde van, no pueden saberlo. En un sentido de la palabra es necesario, por supuesto, como decía el oráculo griego, conocerse a sí mismo: ése es el primer logro del conocimiento. Pero reconocer que el alma de un hombre es incognoscible, es el logro último de la sabiduría. El misterio final es uno mismo. Cuando uno ha pesado el sol en la balanza y medido los pasos de la luna y cartografiado los siete cielos estrella por estrella, aún queda uno mismo. ¿Quién puede calcular la órbita de su propia alma? Cuando el hijo salió a buscar las asnas de su padre, no sabía que le esperaba un hombre de Dios con el crisma mismo de la coronación y que su propia alma era ya el alma de un rey.

Espero vivir lo suficiente y producir obras de tal carácter que al final de mis días pueda decir: «¡Sí, es justo ahí adonde la vida artística conduce a un hombre!». Dos de las vidas más perfectas que he encontrado en mi propia experiencia son las de Verlaine y la del Príncipe Kropotkin: ambos hombres que han pasado años en prisión: el primero, el único poeta cristiano desde Dante; el otro, un hombre con un alma de ese hermoso Cristo blanco que parece salir de Rusia. Y durante los últimos siete u ocho meses, a pesar de una sucesión de grandes problemas que me llegan del mundo exterior casi sin intermisión, he estado en contacto directo con un nuevo espíritu que trabaja en esta prisión a través del hombre y de las cosas, que me ha ayudado más allá de cualquier posibilidad de expresión en palabras: de modo que mientras que durante el primer año de mi encarcelamiento no hice otra cosa, y no recuerdo haber hecho otra cosa, que retorcerme las manos en impotente desesperación y decir: «¡Qué final, qué espantoso final!», ahora intento decirme a mí mismo, y a veces, cuando no me estoy torturando, digo real y sinceramente: «¡Qué comienzo, qué maravilloso comienzo!». Puede que realmente sea así, puede que llegue a serlo. Si es así, le deberé mucho a esta nueva personalidad que ha alterado la vida de todos los hombres de este lugar.

Puedes darte cuenta cuando digo que si me hubieran puesto en libertad el pasado mes de mayo, como intenté, habría salido de este lugar

in it with a bitterness of hatred that would have poisoned my life. I have had a year longer of imprisonment, but humanity has been in the prison along with us all, and now when I go out I shall always remember great kindnesses that I have received here from almost everybody, and on the day of my release I shall give many thanks to many people, and ask to be remembered by them in turn.

The prison style is absolutely and entirely wrong. I would give anything to be able to alter it when I go out. I intend to try. But there is nothing in the world so wrong but that the spirit of humanity, which is the spirit of love, the spirit of the Christ who is not in churches, may make it, if not right, at least possible to be borne without too much bitterness of heart.

I know also that much is waiting for me outside that is very delightful, from what St. Francis of Assisi calls 'my brother the wind, and my sister the rain,' lovely things both of them, down to the shop-windows and sunsets of great cities. If I made a list of all that still remains to me, I don't know where I should stop: for, indeed, God made the world just as much for me as for any one else. Perhaps I may go out with something that I had not got before. I need not tell you that to me reformations in morals are as meaningless and vulgar as Reformations in theology. But while to propose to be a better man is a piece of unscientific cant, to have become a deeper man is the privilege of those who have suffered. And such I think I have become.

If after I am free a friend of mine gave a feast, and did not invite me to it, I should not mind a bit. I can be perfectly happy by myself. With freedom, flowers, books, and the moon, who could not be perfectly happy? Besides, feasts are not for me any more. I have given too many to care about them. That side of life is over for me, very fortunately, I dare say. But if after I am free a friend of mine had a sorrow and refused to allow me to share it, I should feel it most bitterly. If he shut the doors of the house of mourning against me, I would come back again and again and beg to be admitted, so that I might share in what I was entitled to share in. If he thought me unworthy, unfit to weep with him, I should feel it as the most poignant humiliation, as the most terrible mode in which disgrace could be inflicted on me. But that could not be. I have a right to share in sorrow, and he

aborreciéndolo y aborreciendo a todos los funcionarios que hay en él con una amargura de odio que habría envenenado mi vida. He tenido un año más de encarcelamiento pero la humanidad ha estado en la prisión junto con todos nosotros y ahora, cuando salga, recordaré siempre las grandes amabilidades que he recibido aquí de casi todo el mundo y el día de mi liberación daré las gracias a muchas personas y pediré que me recuerden a su vez.

El estilo carcelario es absoluta y totalmente erróneo. Daría cualquier cosa por poder modificarlo cuando salga. Pienso intentarlo. Pero no hay nada en el mundo tan erróneo sino que el espíritu de la humanidad, que es el espíritu del amor, el espíritu del Cristo que no está en las iglesias, haga que sea, si no correcto, al menos posible de soportar sin demasiada amargura de corazón.

Sé también que fuera me esperan muchas cosas deliciosas, desde lo que San Francisco de Asís llama «mi hermano el viento y mi hermana la lluvia», cosas encantadoras ambas, hasta los escaparates y las puestas de sol de las grandes ciudades. Si hiciera una lista de todo lo que aún me queda, no sé dónde me detendría: porque, en efecto, Dios hizo el mundo tanto para mí como para cualquier otro. Tal vez me vaya con algo que antes no tenía. No necesito decirles que para mí las reformas en moral son tan insignificantes y vulgares como las reformas en teología. Pero mientras que proponerse ser un hombre mejor es un trozo de cantinela acientífica, haberse convertido en un hombre más profundo es el privilegio de los que han sufrido. Y en eso creo que me he convertido.

Si después de ser libre un amigo mío diera un banquete y no me invitara a él, no me importaría lo más mínimo. Puedo ser perfectamente feliz yo solo. Con libertad, flores, libros y la luna, ¿quién no podría ser perfectamente feliz? Además, los banquetes ya no son para mí. He dado demasiados como para preocuparme por ellos. Esa faceta de la vida ha terminado para mí, muy afortunadamente, me atrevo a decir. Pero si después de ser libre un amigo mío tuviera una pena y se negara a permitirme compartirla, lo sentiría con la mayor amargura. Si me cerrara las puertas de la casa del luto, volvería una y otra vez y rogaría que me admitiera, para poder compartir lo que me correspondiera. Si me considerara indigno, no apto para llorar con él, lo sentiría como la humillación más conmovedora, como el modo más terrible en que se me pudiera infligir la desgracia. Pero eso no podría ser. Tengo derecho a

who can look at the loveliness of the world and share its sorrow, and realise something of the wonder of both, is in immediate contact with divine things, and has got as near to God's secret as any one can get.

Perhaps there may come into my art also, no less than into my life, a still deeper note, one of greater unity of passion, and directness of impulse. Not width but intensity is the true aim of modern art. We are no longer in art concerned with the type. It is with the exception that we have to do. I cannot put my sufferings into any form they took, I need hardly say. Art only begins where Imitation ends, but something must come into my work, of fuller memory of words perhaps, of richer cadences, of more curious effects, of simpler architectural order, of some aesthetic quality at any rate.

When Marsyas was 'torn from the scabbard of his limbs' - *della vagina della membre sue*, to use one of Dante's most terrible Tacitean phrases - he had no more song, the Greek said. Apollo had been victor. The lyre had vanquished the reed. But perhaps the Greeks were mistaken. I hear in much modern Art the cry of Marsyas. It is bitter in Baudelaire, sweet and plaintive in Lamartine, mystic in Verlaine. It is in the deferred resolutions of Chopin's music. It is in the discontent that haunts Burne-Jones's women. Even Matthew Arnold, whose song of Callicles tells of 'the triumph of the sweet persuasive lyre,' and the 'famous final victory,' in such a clear note of lyrical beauty, has not a little of it; in the troubled undertone of doubt and distress that haunts his verses, neither Goethe nor Wordsworth could help him, though he followed each in turn, and when he seeks to mourn for *Thyrsis* or to sing of the *scholar gipsy*, it is the reed that he has to take for the rendering of his strain. But whether or not the Phrygian Faun was silent, I cannot be. Expression is as necessary to me as leaf and blossoms are to the black branches of the trees that show themselves above the prison walls and are so restless in the wind. Between my art and the world there is now a wide gulf, but between art and myself there is none. I hope at least that there is none.

To each of us different fates are meted out. My lot has been one of public infamy, of long imprisonment, of misery, of ruin, of disgrace, but I am not worthy of it - not yet, at any rate. I remember that I used to say that I thought I could bear a real tragedy if it came to me with

compartir el dolor y, aquel que puede contemplar la belleza del mundo y compartir su dolor y darse cuenta en algo de la maravilla de ambos, está en contacto inmediato con las cosas divinas y se ha acercado tanto al secreto de Dios como nadie puede acercarse.

Tal vez pueda llegar también a mi arte, no menos que a mi vida, una nota aún más profunda, de mayor unidad de pasión y franqueza de impulso. El verdadero objetivo del arte moderno no es la amplitud, sino la intensidad. En el arte ya no nos ocupamos del tipo, sino de la excepción. El arte sólo comienza donde termina la imitación, pero algo debe entrar en mi obra, de memoria más plena de palabras tal vez, de cadencias más ricas, de efectos más curiosos, de orden arquitectónico más simple, de alguna cualidad estética en todo caso.

Cuando Marsyas fue «arrancado de la vaina de sus miembros» —*della vagina della membre sue*, por utilizar una de las frases taciteanas más terribles de Dante— ya no tenía canto, decían los griegos. Apolo había sido el vencedor. La lira había vencido a la flauta. Pero quizá los griegos se equivocaron. Oigo en gran parte del arte moderno el grito de Marsyas. Es amargo en Baudelaire, dulce y lastimero en Lamartine, místico en Verlaine. Está en las resoluciones aplazadas de la música de Chopin. Está en el descontento que atormenta a las mujeres de Burne-Jones. Incluso Matthew Arnold, cuya canción de Calicles relata «el triunfo de la dulce lira persuasiva» y la «famosa victoria final» en una nota tan clara de belleza lírica, tiene no poco de ello; en el turbado trasfondo de duda y angustia que atormenta sus versos, ni Goethe ni Wordsworth pudieron ayudarle, aunque siguió a cada uno por turno, y cuando busca llorar por Thyrsis o cantar al gitano erudito, es la lira la que tiene que tomar para la interpretación de su tensión. Pero tanto si el Fauno Frigio callaba como si no, yo no puedo callar. La expresión es tan necesaria para mí como la hoja y las flores lo son para las ramas negras de los árboles que se asoman por encima de los muros de la prisión y son tan inquietas en el viento. Entre mi arte y el mundo hay ahora un amplio abismo, pero entre el arte y yo no hay ninguno. Espero al menos que no lo haya.

A cada uno de nosotros nos aguardan destinos diferentes. Mi suerte ha sido de infamia pública, de largo encarcelamiento, de miseria, de ruina, de desgracia, pero no soy digno de ello, al menos no todavía. Recuerdo que solía decir que creía que podría soportar una verdadera

purple pall and a mask of noble sorrow, but that the dreadful thing about modernity was that it put tragedy into the raiment of comedy, so that the great realities seemed commonplace or grotesque or lacking in style. It is quite true about modernity. It has probably always been true about actual life. It is said that all martyrdoms seemed mean to the looker on. The nineteenth century is no exception to the rule.

Everything about my tragedy has been hideous, mean, repellent, lacking in style; our very dress makes us grotesque. We are the zanies of sorrow. We are clowns whose hearts are broken. We are specially designed to appeal to the sense of humour. On November 13th, 1895, I was brought down here from London. From two o'clock till half-past two on that day I had to stand on the centre platform of Clapham Junction in convict dress, and handcuffed, for the world to look at. I had been taken out of the hospital ward without a moment's notice being given to me. Of all possible objects I was the most grotesque. When people saw me they laughed. Each train as it came up swelled the audience. Nothing could exceed their amusement. That was, of course, before they knew who I was. As soon as they had been informed they laughed still more. For half an hour I stood there in the grey November rain surrounded by a jeering mob.

For a year after that was done to me I wept every day at the same hour and for the same space of time. That is not such a tragic thing as possibly it sounds to you. To those who are in prison tears are a part of every day's experience. A day in prison on which one does not weep is a day on which one's heart is hard, not a day on which one's heart is happy.

Well, now I am really beginning to feel more regret for the people who laughed than for myself. Of course when they saw me I was not on my pedestal, I was in the pillory. But it is a very unimaginative nature that only cares for people on their pedestals. A pedestal may be a very unreal thing. A pillory is a terrific reality. They should have known also how to interpret sorrow better. I have said that behind sorrow there is always sorrow. It were wiser still to say that behind sorrow there is always a soul. And to mock at a soul in pain is a dreadful thing. In the strangely simple economy of the world people only get what they give, and to those who have not enough imagination to

tragedia, si se me presentaba, con un manto púrpura y una máscara de noble dolor, pero que lo terrible de la modernidad era que ponía a la tragedia el ropaje de la comedia, de modo que las grandes realidades parecían vulgares o grotescas o carentes de estilo. Es bastante cierto sobre la modernidad. Probablemente siempre ha sido cierto sobre la vida real. Se dice que todos los martirios parecían mezquinos al que los miraba. El siglo XIX no es una excepción a la regla.

Todo en mi tragedia ha sido horrendo, mezquino, repelente, falto de estilo; nuestra propia vestimenta nos hace grotescos. Somos los bufones de la pena, payasos con el corazón roto, especialmente diseñados para apelar al sentido del humor. El 13 de noviembre de 1895 me trajeron aquí desde Londres. Desde las dos hasta las dos y media de ese día tuve que permanecer en el andén central de Clapham Junction vestido de presidiario y esposado, para que el mundo me viera. Me habían sacado del pabellón del hospital sin avisarme ni darme un momento. De todos los objetos posibles yo era el más grotesco. Cuando la gente me veía se reía. Cada tren que llegaba aumentaba el público. Nada podía superar su diversión. Eso era, por supuesto, antes de que supieran quién era yo. En cuanto se enteraron se rieron aún más. Durante media hora permanecí allí, bajo la lluvia gris de noviembre, rodeado de una muchedumbre que me abucheaba.

Durante un año, después de que me hicieran eso, lloré todos los días a la misma hora y durante el mismo espacio de tiempo. Eso no es algo tan trágico como posiblemente te parezca. Para los que están en prisión, las lágrimas forman parte de la experiencia de todos los días. Un día en prisión en el que uno no llora es un día en el que su corazón está duro, no un día en el que su corazón está feliz.

Bueno, ahora empiezo a sentir realmente más pena por la gente que se rió que por mí mismo. Por supuesto, cuando me vieron no estaba en mi pedestal, estaba en la picota. Pero es una naturaleza muy poco imaginativa la que sólo se preocupa de la gente en sus pedestales. Un pedestal puede ser algo muy irreal, pero una picota es una realidad terrible. También deberían haber sabido interpretar mejor la pena. He dicho que detrás de la pena siempre hay pena. Sería más sabio aún decir que detrás de la pena siempre hay un alma. Y burlarse de un alma en pena es algo espantoso. En la economía extrañamente simple del mundo la gente sólo recibe lo que da, y a quienes no tienen suficiente imaginación

penetrate the mere outward of things, and feel pity, what pity can be given save that of scorn?

I write this account of the mode of my being transferred here simply that it should be realised how hard it has been for me to get anything out of my punishment but bitterness and despair. I have, however, to do it, and now and then I have moments of submission and acceptance. All the spring may be hidden in the single bud, and the low ground nest of the lark may hold the joy that is to herald the feet of many rose-red dawns. So perhaps whatever beauty of life still remains to me is contained in some moment of surrender, abasement, and humiliation. I can, at any rate, merely proceed on the lines of my own development, and, accepting all that has happened to me, make myself worthy of it.

People used to say of me that I was too individualistic. I must be far more of an individualist than ever I was. I must get far more out of myself than ever I got, and ask far less of the world than ever I asked. Indeed, my ruin came not from too great individualism of life, but from too little. The one disgraceful, unpardonable, and to all time contemptible action of my life was to allow myself to appeal to society for help and protection. To have made such an appeal would have been from the individualist point of view bad enough, but what excuse can there ever be put forward for having made it? Of course once I had put into motion the forces of society, society turned on me and said, 'Have you been living all this time in defiance of my laws, and do you now appeal to those laws for protection? You shall have those laws exercised to the full. You shall abide by what you have appealed to.' The result is I am in gaol. Certainly no man ever fell so ignobly, and by such ignoble instruments, as I did.

The Philistine element in life is not the failure to understand art. Charming people, such as fishermen, shepherds, ploughboys, peasants and the like, know nothing about art, and are the very salt of the earth. He is the Philistine who upholds and aids the heavy, cumbrous, blind, mechanical forces of society, and who does not recognise dynamic force when he meets it either in a man or a movement.

para penetrar en la mera exterioridad de las cosas y sentir piedad, ¿qué piedad se les puede dar salvo la del desprecio?

Escribo este relato sobre el modo en que me trasladaron aquí simplemente para que se comprenda lo difícil que me ha resultado sacar de mi castigo algo que no sea amargura y desesperación. Sin embargo, tengo que hacerlo, y de vez en cuando tengo momentos de sumisión y aceptación. Toda la primavera puede estar oculta en un solo capullo, y el bajo nido de tierra de la alondra puede contener la alegría que ha de anunciar los pies de muchos amaneceres rojos como rosas. Así que tal vez cualquier belleza de la vida que aún me quede esté contenida en algún momento de rendición, menoscabo y humillación. En cualquier caso, sólo puedo seguir las líneas de mi propio desarrollo y, aceptando todo lo que me ha sucedido, hacerme digno de ello.

La gente solía decir de mí que era demasiado individualista. Debo ser mucho más individualista de lo que nunca fui. Debo sacar de mí mismo mucho más de lo que nunca obtuve y pedir al mundo mucho menos de lo que nunca pedí. De hecho, mi ruina no vino de un individualismo en mi vida demasiado grande, sino demasiado pequeño. La única acción vergonzosa, imperdonable y para siempre despreciable de mi vida fue permitirme apelar a la sociedad en busca de ayuda y protección. Haber hecho tal apelación habría sido desde el punto de vista individualista suficientemente malo, pero ¿qué excusa puede esgrimirse jamás para haberla hecho? Por supuesto, una vez que puse en marcha las fuerzas de la sociedad, ésta se volvió contra mí y me dijo: «¿Has estado viviendo todo este tiempo desafiando mis leyes, y ahora apelas a esas leyes en busca de protección? Harás que esas leyes se ejerzan al máximo. Deberás acatar aquello a lo que has apelado». El resultado es que estoy en la cárcel. Ciertamente, ningún hombre ha caído nunca tan innoblemente, y con instrumentos tan innobles, como yo.

El elemento filisteo de la vida no es la incomprensión del arte. Las personas encantadoras, como los pescadores, los pastores, los labradores, los campesinos y similares, no saben nada de arte y son la sal misma de la tierra. El filisteo es el que sostiene y ayuda a las fuerzas pesadas, toscas, ciegas y mecánicas de la sociedad y que no reconoce la fuerza dinámica cuando se encuentra con ella, ya sea en un hombre o en un movimiento.

People thought it dreadful of me to have entertained at dinner the evil things of life, and to have found pleasure in their company. But then, from the point of view through which I, as an artist in life, approach them they were delightfully suggestive and stimulating. The danger was half the excitement... My business as an artist was with Ariel. I set myself to wrestle with Caliban...

A great friend of mine - a friend of ten years' standing - came to see me some time ago, and told me that he did not believe a single word of what was said against me, and wished me to know that he considered me quite innocent, and the victim of a hideous plot. I burst into tears at what he said, and told him that while there was much amongst the definite charges that was quite untrue and transferred to me by revolting malice, still that my life had been full of perverse pleasures, and that unless he accepted that as a fact about me and realised it to the full I could not possibly be friends with him any more, or ever be in his company. It was a terrible shock to him, but we are friends, and I have not got his friendship on false pretences.

Emotional forces, as I say somewhere in *Intentions*, are as limited in extent and duration as the forces of physical energy. The little cup that is made to hold so much can hold so much and no more, though all the purple vats of Burgundy be filled with wine to the brim, and the treaders stand knee-deep in the gathered grapes of the stony vineyards of Spain. There is no error more common than that of thinking that those who are the causes or occasions of great tragedies share in the feelings suitable to the tragic mood: no error more fatal than expecting it of them. The martyr in his 'shirt of flame' may be looking on the face of God, but to him who is piling the faggots or loosening the logs for the blast the whole scene is no more than the slaying of an ox is to the butcher, or the felling of a tree to the charcoal burner in the forest, or the fall of a flower to one who is mowing down the grass with a scythe. Great passions are for the great of soul, and great events can be seen only by those who are on a level with them.

* * * * *

I know of nothing in all drama more incomparable from the point of view of art, nothing more suggestive in its subtlety of observation,

La gente pensaba que era espantoso por mi parte haber entretenido durante la cena a las cosas malas de la vida y haber encontrado placer en su compañía. Pero desde el punto de vista a través del cual yo, como artista de la vida, me acerco a ellas, eran deliciosamente sugerentes y estimulantes. El peligro era la mitad de la emoción... Mi asunto como artista era Ariel. Me propuse luchar con Calibán...

Un gran amigo mío —un amigo por diez años— vino a verme hace algún tiempo y me dijo que no creía ni una sola palabra de lo que se decía contra mí y deseaba que supiera que me consideraba totalmente inocente y víctima de un horrible complot. Rompí a llorar por lo que me dijo y le dije que, aunque había muchas cosas entre las acusaciones definitivas que eran totalmente falsas y que me habían sido transferidas por una malicia repugnante, aun así mi vida había estado llena de placeres perversos y que, a menos que aceptara eso como un hecho sobre mí y se diera cuenta de ello plenamente, no podría seguir siendo amigo suyo, ni estar nunca en su compañía. Fue un golpe terrible para él, pero somos amigos, y no he conseguido su amistad con falsos pretextos.

Las fuerzas emocionales, como digo en algún lugar en *Intenciones*, son tan limitadas en extensión y duración como las fuerzas de la energía física. La pequeña copa que está hecha para contener tanto, puede contener tanto y no más, aunque todas las cubas púrpuras de Borgoña estén llenas de vino hasta el borde y los pisadores estén hasta las rodillas en las uvas recogidas de los pedregosos viñedos de España. No hay error más común que el de pensar que aquellos que son las causas u ocasiones de las grandes tragedias comparten los sentimientos adecuados al talante trágico: no hay error más fatal que esperarlo de ellos. El mártir en su «camisa de fuego» puede estar mirando el rostro de Dios, pero para el que está amontonando los leños o acomodando los troncos para el fuego toda la escena no es más de lo que la matanza de un buey es para el carnicero, o la tala de un árbol para el carbonero del bosque, o la caída de una flor para el que está segando la hierba con una guadaña. Las grandes pasiones son para los grandes de alma y los grandes acontecimientos sólo pueden ser vistos por quienes están a su altura.

* * * * *

No conozco nada en todo el drama más incomparable desde el punto de vista del arte, nada más sugestivo en su sutileza de observación, que

than Shakespeare's drawing of Rosencrantz and Guildenstern. They are Hamlet's college friends. They have been his companions. They bring with them memories of pleasant days together. At the moment when they come across him in the play he is staggering under the weight of a burden intolerable to one of his temperament. The dead have come armed out of the grave to impose on him a mission at once too great and too mean for him. He is a dreamer, and he is called upon to act. He has the nature of the poet, and he is asked to grapple with the common complexity of cause and effect, with life in its practical realisation, of which he knows nothing, not with life in its ideal essence, of which he knows so much. He has no conception of what to do, and his folly is to feign folly. Brutus used madness as a cloak to conceal the sword of his purpose, the dagger of his will, but the Hamlet madness is a mere mask for the hiding of weakness. In the making of fancies and jests he sees a chance of delay. He keeps playing with action as an artist plays with a theory. He makes himself the spy of his proper actions, and listening to his own words knows them to be but 'words, words, words.' Instead of trying to be the hero of his own history, he seeks to be the spectator of his own tragedy. He disbelieves in everything, including himself, and yet his doubt helps him not, as it comes not from scepticism but from a divided will.

Of all this Guildenstern and Rosencrantz realise nothing. They bow and smirk and smile, and what the one says the other echoes with sickliest intonation. When, at last, by means of the play within the play, and the puppets in their dalliance, Hamlet 'catches the conscience' of the King, and drives the wretched man in terror from his throne, Guildenstern and Rosencrantz see no more in his conduct than a rather painful breach of Court etiquette. That is as far as they can attain to in 'the contemplation of the spectacle of life with appropriate emotions.' They are close to his very secret and know nothing of it. Nor would there be any use in telling them. They are the little cups that can hold so much and no more. Towards the close it is suggested that, caught in a cunning spring set for another, they have met, or may meet, with a violent and sudden death. But a tragic ending of this kind, though touched by Hamlet's humour with something of the surprise and justice of comedy, is really not for such as they. They never die. Horatio, who in order to 'report Hamlet and his cause aright to the unsatisfied,'

el retrato que Shakespeare hace de Rosencrantz y Guildenstern. Son los amigos del colegio de Hamlet, han sido sus compañeros, traen consigo recuerdos de agradables días juntos. En el momento en que se cruzan con él en la obra, él se tambalea bajo el peso de una carga intolerable para alguien de su temperamento. Los muertos han salido armados de la tumba para imponerle una misión a la vez demasiado grande y demasiado mezquina para él. Es un soñador y se le pide que actúe. Tiene la naturaleza del poeta y se le pide que lidie con la complejidad común de la causa y el efecto, con la vida en su realización práctica, de la que no sabe nada, no con la vida en su esencia ideal, de la que sabe tanto. No puede concebir lo que debe hacer, y su locura consiste en fingir locura. Bruto utilizaba la locura como un manto para ocultar la espada de su propósito, el puñal de su voluntad, pero la locura de Hamlet es una mera máscara para ocultar la debilidad. En la fabricación de fantasías y bromas ve una oportunidad de demora. Sigue jugando con la acción como un artista juega con una teoría. Se hace el espía de sus propias acciones y, al escuchar sus propias palabras, sabe que no son más que «palabras, palabras, palabras». En lugar de intentar ser el héroe de su propia historia, busca ser el espectador de su propia tragedia. Descree de todo, incluso de sí mismo, y sin embargo su duda no le ayuda, pues no procede del escepticismo sino de una voluntad dividida.

De todo esto Guildenstern y Rosencrantz no se dan cuenta de nada. Se inclinan y hacen muecas y sonríen, y de lo que dice uno se hace eco el otro con una entonación enfermiza. Cuando, por fin, mediante la obra dentro de la obra y las marionetas en su devaneo, Hamlet «atrapa la conciencia» del Rey y expulsa aterrorizado de su trono al desdichado, Guildenstern y Rosencrantz no ven en su conducta más que una infracción bastante dolorosa de la etiqueta de la Corte. Eso es lo más lejos que pueden llegar en «la contemplación del espectáculo de la vida con emociones apropiadas». Están cerca de su mismo secreto y no saben nada de él. Tampoco serviría de nada decírselo. Son las pequeñas tazas que pueden contener tanto y no más. Hacia el final se sugiere que, atrapados en una artimaña puesta para otro, se han encontrado, o pueden encontrarse, con una muerte violenta y repentina. Pero un final trágico de este tipo, aunque tocado por el humor de Hamlet con algo de la sorpresa y la justicia de la comedia, en realidad no es para gente como ellos. Ellos nunca mueren. Horacio, que para «informar correctamente sobre Hamlet y su causa a los insatisfechos»,

'Absents him from felicity a while,
And in this harsh world draws his breath in pain,'

dies, but Guildenstern and Rosencrantz are as immortal as Angelo and Tartuffe, and should rank with them. They are what modern life has contributed to the antique ideal of friendship. He who writes a new *De Amicitia* must find a niche for them, and praise them in Tusculan prose. They are types fixed for all time. To censure them would show 'a lack of appreciation.' They are merely out of their sphere: that is all. In sublimity of soul there is no contagion. High thoughts and high emotions are by their very existence isolated.

* * * * *

I am to be released, if all goes well with me, towards the end of May, and hope to go at once to some little sea-side village abroad with R- and M-.

The sea, as Euripides says in one of his plays about Iphigeneia, washes away the stains and wounds of the world.

I hope to be at least a month with my friends, and to gain peace and balance, and a less troubled heart, and a sweeter mood. I have a strange longing for the great simple primeval things, such as the sea, to me no less of a mother than the Earth. It seems to me that we all look at Nature too much, and live with her too little. I discern great sanity in the Greek attitude. They never chattered about sunsets, or discussed whether the shadows on the grass were really mauve or not. But they saw that the sea was for the swimmer, and the sand for the feet of the runner. They loved the trees for the shadow that they cast, and the forest for its silence at noon. The vineyard-dresser wreathed his hair with ivy that he might keep off the rays of the sun as he stooped over the young shoots, and for the artist and the athlete, the two types that Greece gave us, they plaited with garlands the leaves of the bitter laurel and of the wild parsley, which else had been of no service to men.

We call ours a utilitarian age, and we do not know the uses of any single thing. We have forgotten that water can cleanse, and fire purify, and that the Earth is mother to us all. As a consequence our art is

«Lo ausenta de la felicidad por un tiempo,
Y en este duro mundo dibuja su aliento en el dolor»,

muere, pero Guildenstern y Rosencrantz son tan inmortales como Angelo y Tartufo y deberían estar a su altura. Son lo que la vida moderna ha aportado al antiguo ideal de la amistad. Quien escriba un nuevo *De Amicitia* debe encontrarles un hueco y alabarlos en prosa toscana. Son tipos fijados para siempre. Censurarlos mostraría «falta de aprecio». Simplemente están fuera de su esfera: eso es todo. En la sublimidad del alma no hay contagio. Los pensamientos elevados y las emociones elevadas están aislados por su propia existencia.

* * * * *

Me dejarán en libertad, si todo va bien, hacia finales de mayo, y espero irme enseguida a algún pueblecito costero del extranjero con R... y M...

El mar, como dice Eurípides en una de sus obras sobre Ifigenia, lava las manchas y las heridas del mundo.

Espero estar al menos un mes con mis amigos y ganar paz y equilibrio y un corazón menos atribulado y un humor más dulce. Siento una extraña añoranza por las grandes y sencillas cosas primigenias, como el mar, para mí no menos madre que la Tierra. Me parece que todos miramos demasiado a la Naturaleza y vivimos demasiado poco con ella. Discierno una gran cordura en la actitud griega. Nunca parloteaban sobre las puestas de sol, ni discutían si las sombras sobre la hierba eran realmente malvas o no. Pero veían que el mar era para el nadador y la arena para los pies del corredor. Amaban los árboles por la sombra que proyectaban y el bosque por su silencio a mediodía. El viñador se cubría el cabello con hiedra para protegerse de los rayos del sol cuando se inclinaba sobre los brotes jóvenes y, para el artista y el atleta, los dos tipos que nos dio Grecia, trenzaban con guirnaldas las hojas del laurel amargo y del perejil silvestre, que de otro modo no habrían servido para nada a los hombres.

Llamamos a la nuestra una era utilitaria y desconocemos los usos de cada cosa. Hemos olvidado que el agua puede limpiar y el fuego purificar y que la Tierra es madre de todos nosotros. Como consecuencia, nuestro

of the moon and plays with shadows, while Greek art is of the sun and deals directly with things. I feel sure that in elemental forces there is purification, and I want to go back to them and live in their presence.

Of course to one so modern as I am, *'Enfant de mon siecle,'* merely to look at the world will be always lovely. I tremble with pleasure when I think that on the very day of my leaving prison both the laburnum and the lilac will be blooming in the gardens, and that I shall see the wind stir into restless beauty the swaying gold of the one, and make the other toss the pale purple of its plumes, so that all the air shall be Arabia for me. Linnaeus fell on his knees and wept for joy when he saw for the first time the long heath of some English upland made yellow with the tawny aromatic brooms of the common furze; and I know that for me, to whom flowers are part of desire, there are tears waiting in the petals of some rose. It has always been so with me from my boyhood. There is not a single colour hidden away in the chalice of a flower, or the curve of a shell, to which, by some subtle sympathy with the very soul of things, my nature does not answer. Like Gautier, I have always been one of those *'pour qui le monde visible existe.'*

Still, I am conscious now that behind all this beauty, satisfying though it may be, there is some spirit hidden of which the painted forms and shapes are but modes of manifestation, and it is with this spirit that I desire to become in harmony. I have grown tired of the articulate utterances of men and things. The Mystical in Art, the Mystical in Life, the Mystical in Nature this is what I am looking for. It is absolutely necessary for me to find it somewhere.

All trials are trials for one's life, just as all sentences are sentences of death; and three times have I been tried. The first time I left the box to be arrested, the second time to be led back to the house of detention, the third time to pass into a prison for two years. Society, as we have constituted it, will have no place for me, has none to offer; but Nature, whose sweet rains fall on unjust and just alike, will have clefts in the rocks where I may hide, and secret valleys in whose silence I may weep undisturbed. She will hang the night with stars so that I may walk abroad in the darkness without stumbling, and send the wind over my footprints so that none may track me to my hurt: she will cleanse me in great waters, and with bitter herbs make me whole.

arte es de la luna y juega con las sombras, mientras que el arte griego es del sol y trata directamente con las cosas. Estoy seguro de que en las fuerzas elementales hay purificación y quiero volver a ellas y vivir en su presencia.

Por supuesto que para alguien tan moderno como yo, *«Enfant de mon siècle»*, el mero hecho de mirar el mundo siempre será encantador. Tiemblo de placer cuando pienso que el mismo día de mi salida de la cárcel tanto el laburno como la lila estarán floreciendo en los jardines, y que veré al viento agitar en inquieta belleza el oro oscilante de uno y hacer que el otro agite el pálido púrpura de sus penachos, de modo que todo el aire será Arabia para mí. Linneo cayó de rodillas y lloró de alegría cuando vio por primera vez el largo brezal de alguna altiplanicie inglesa amarilleado por las leonadas retamas aromáticas del tojo común; y sé que para mí, para quien las flores forman parte del deseo, hay lágrimas esperando en los pétalos de alguna rosa. Siempre ha sido así conmigo desde mi niñez. No hay un solo color escondido en el cáliz de una flor, o en la curva de una concha, al que, por alguna sutil simpatía con el alma misma de las cosas, mi naturaleza no responda. Como Gautier, siempre he sido uno de esos *«pour qui le monde visible existe»*.

Aún así, ahora soy consciente de que detrás de toda esta belleza, por muy satisfactoria que sea, se oculta algún espíritu del que las formas y figuras pintadas no son más que modos de manifestación, y es con este espíritu con el que deseo entrar en armonía. Me he cansado de las expresiones articuladas de los hombres y las cosas. Lo místico en el arte, lo místico en la vida, lo místico en la naturaleza, esto es lo que busco. Es absolutamente necesario que lo encuentre en alguna parte.

Todos los juicios son juicios por la propia vida, así como todas las sentencias son sentencias de muerte; y tres veces he sido juzgado. La primera vez salí del palco para ser arrestado, la segunda para ser conducido de nuevo a la casa de detención, la tercera para pasar a una prisión durante dos años. La sociedad, tal como la hemos constituido, no tendrá lugar para mí, no tiene nada que ofrecer; pero la Naturaleza, cuyas dulces lluvias caen sobre injustos y justos por igual, tendrá hendiduras en las rocas donde pueda esconderme y valles secretos en cuyo silencio pueda llorar sin ser molestado. Ella colgará la noche con estrellas para que pueda caminar en la oscuridad sin tropezar y enviará el viento sobre mis huellas para que nadie pueda rastrearme y hacerme daño: ella me limpiará en grandes aguas y con hierbas amargas me curará.

THE BALLAD OF READING GAOL

IN MEMORIAM

C. T. W.

SOMETIME TROOPER OF THE ROYAL HORSE GUARDS.

OBIIT H. M. PRISON, READING, BERKSHIRE,

JULY 7, 1896

LA BALADA DE LA CÁRCEL DE READING

IN MEMORIAM

C. T. W.

ALGUNA VEZ SOLDADO DE LA GUARDIA REAL A CABALLO.

OBIIT PRISIÓN DE SU MAJESTAD EN READING, BERKSHIRE,

7 DE JULIO DE 1896

I

He did not wear his scarlet coat,
  For blood and wine are red,
And blood and wine were on his hands
  When they found him with the dead,
The poor dead woman whom he loved,
  And murdered in her bed.

He walked amongst the Trial Men
  In a suit of shabby gray;
A cricket cap was on his head,
  And his step seemed light and gay;
But I never saw a man who looked
  So wistfully at the day.

I never saw a man who looked
  With such a wistful eye
Upon that little tent of blue
  Which prisoners call the sky,
And at every drifting cloud that went
  With sails of silver by.

I walked, with other souls in pain,
  Within another ring,
And was wondering if the man had done
  A great or little thing,
When a voice behind me whispered low,
  "That fellow's got to swing."

Dear Christ! the very prison walls
  Suddenly seemed to reel,
And the sky above my head became
  Like a casque of scorching steel;
And, though I was a soul in pain,
  My pain I could not feel.

Él no llevaba su capa escarlata,
porque la sangre y el vino son rojos
y sangre y vino había en sus manos
cuando lo encontraron con la muerta,
la pobre muerta a quien amaba
y asesinó en su cama.

Caminaba entre los reos
con un traje gris raído y
una gorra de cricket en la cabeza
y su paso parecía ligero y alegre;
pero nunca vi a un hombre que mirara
con tanta avidez al día.

Nunca vi a un hombre que mirara
con ojos tan ávidos
a ese pequeño toldo azul
que los prisioneros llaman cielo,
y a cada nube a la deriva que pasaba
con velas de plata.

Yo caminaba, con otras almas en pena
dentro de la ronda
y me preguntaba si el hombre había hecho
algo grande o pequeño,
cuando una voz me susurró a la espalda,
«ese tipo tiene que columpiarse».

¡Querido Cristo! los propios muros de la prisión
de repente parecieron tambalearse,
y el cielo sobre mi cabeza se volvió
un casco de acero abrasador;
y, aunque yo era un alma en pena
no podía sentir mi dolor.

I only knew what hunted thought
  Quickened his step, and why
He looked upon the garish day
  With such a wistful eye;
The man had killed the thing he loved,
  And so he had to die.

§

Yet each man kills the thing he loves,
  By each let this be heard,
Some do it with a bitter look,
  Some with a flattering word,
The coward does it with a kiss,
  The brave man with a sword!

Some kill their love when they are young,
  And some when they are old;
Some strangle with the hands of Lust,
  Some with the hands of Gold:
The kindest use a knife, because
  The dead so soon grow cold.

Some love too little, some too long,
  Some sell, and others buy;
Some do the deed with many tears,
  And some without a sigh:
For each man kills the thing he loves,
  Yet each man does not die.

§

He does not die a death of shame
  On a day of dark disgrace,
Nor have a noose about his neck,
  Nor a cloth upon his face,
Nor drop feet foremost through the floor
  Into an empty space.

Sólo sabía qué pensamiento lo perseguía y
aceleraba su paso, y por qué
miraba el día chillón
con ojos tan ávidos;
el hombre había matado lo que amaba
y por eso debía morir.

§

Aunque cada hombre mata lo que ama,
que cada uno lo oiga,
algunos lo hacen con una mirada amarga,
otros con una palabra halagadora,
el cobarde lo hace con un beso,
¡el valiente con una espada!

Algunos matan a su amor cuando son jóvenes,
y algunos cuando son viejos;
algunos estrangulan con las manos de la Lujuria,
algunos con las manos del Oro:
los más bondadosos usan un cuchillo, porque
así los muertos se enfrían pronto.

Unos aman demasiado poco, otros demasiado tiempo
unos venden y otros compran;
unos lo hacen con muchas lágrimas,
y otros sin un suspiro:
porque cada hombre mata lo que ama,
pero no muere cada hombre.

§

No muere una muerte de vergüenza
en un día de oscura desgracia,
ni tiene una soga alrededor del cuello,
ni un paño sobre el rostro,
ni cae con los pies por delante, a través del suelo,
en un espacio vacío.

He does not sit with silent men
  Who watch him night and day;
Who watch him when he tries to weep,
  And when he tries to pray;
Who watch him lest himself should rob
  The prison of its prey.

He does not wake at dawn to see
  Dread figures throng his room,
The shivering Chaplain robed in white,
  The Sheriff stern with gloom,
And the Governor all in shiny black,
  With the yellow face of Doom.

He does not rise in piteous haste
  To put on convict-clothes,
While some coarse-mouthed Doctor gloats, and notes
  Each new and nerve-twitched pose,
Fingering a watch whose little ticks
  Are like horrible hammer-blows.

He does not know that sickening thirst
  That sands one's throat, before
The hangman with his gardener's gloves
  Slips through the padded door,
And binds one with three leathern thongs,
  That the throat may thirst no more.

He does not bend his head to hear
  The Burial Office read,
Nor, while the terror of his soul
  Tells him he is not dead,
Cross his own coffin, as he moves
  Into the hideous shed.

No se sienta con hombres silenciosos
que lo vigilan noche y día;
que lo vigilan cuando trata de llorar
y cuando trata de rezar;
que lo vigilan para que él mismo no robe
la presa a la prisión.

No se despierta al amanecer para ver
figuras de espanto en su habitación,
el capellán tembloroso vestido de blanco,
el comisario severo y melancólico
y el gobernador de negro reluciente,
con el rostro amarillo de la Perdición.

No se levanta con lastimera prisa
para ponerse su ropa de convicto,
mientras algún Doctor de boca grosera se regodea y anota
cada nueva y nerviosa pose,
manoseando un reloj cuyos pequeños tics
son horribles martillazos.

No conoce esa sed nauseabunda
que le abrasa a uno la garganta, antes de que
el verdugo con sus guantes de jardinero
se cuele por la puerta acolchada
y le ate a uno con tres correas de cuero
para que la garganta no tenga más sed.

No inclina la cabeza para oír
la lectura del Oficio de Difuntos
ni, mientras el terror de su alma
le dice que no está muerto,
cruza su propio ataúd mientras avanza
hacia el horrible cobertizo.

He does not stare upon the air
  Through a little roof of glass:
He does not pray with lips of clay
  For his agony to pass;
Nor feel upon his shuddering cheek
  The kiss of Caiaphas.

No contempla el aire
a través de un pequeño techo de cristal:
no reza con labios de arcilla
para que pase su agonía;
ni siente sobre su mejilla estremecida
el beso de Caifás.

II

Six weeks our guardsman walked the yard,
  In the suit of shabby gray:
His cricket cap was on his head,
  And his step seemed light and gay,
But I never saw a man who looked
  So wistfully at the day.

I never saw a man who looked
  With such a wistful eye
Upon that little tent of blue
  Which prisoners call the sky,
And at every wandering cloud that trailed
  Its ravelled fleeces by.

He did not wring his hands, as do
  Those witless men who dare
To try to rear the changeling Hope
  In the cave of black Despair:
He only looked upon the sun,
  And drank the morning air.

He did not wring his hands nor weep,
  Nor did he peek or pine,
But he drank the air as though it held
  Some healthful anodyne;
With open mouth he drank the sun
  As though it had been wine!

And I and all the souls in pain,
  Who tramped the other ring,
Forgot if we ourselves had done
  A great or little thing,
And watched with gaze of dull amaze
  The man who had to swing.

II

Seis semanas anduvo por el patio nuestro soldado,
con un traje gris raído:
su gorra de cricket estaba en su cabeza
y su paso parecía ligero y alegre
pero nunca vi a un hombre que mirara
con tanta avidez al día.

Nunca vi a un hombre que mirara
con ojos tan ávidos
a ese pequeño toldo azul
que los prisioneros llaman cielo,
y a cada nube errante que se arrastraba
con sus vellones enmarañados.

No se retorcía las manos como hacen
esos hombres insensatos que se atreven
a intentar criar a la cambiante Esperanza
en la cueva de la negra Desesperación:
él sólo miraba al sol
y bebía el aire de la mañana.

No se retorcía las manos, ni lloraba,
ni se quejaba, ni suspiraba,
sino que bebía el aire como si contuviera
algún saludable calmante;
¡con la boca abierta bebía el sol
como si fuera vino!

Y yo y todas las almas en pena,
que recorríamos la otra ronda,
olvidamos si nosotros mismos habíamos hecho
algo grande o pequeño
y observamos con mirada de triste asombro
al hombre que tenía que columpiarse.

And strange it was to see him pass
  With a step so light and gay,
And strange it was to see him look
  So wistfully at the day,
And strange it was to think that he
  Had such a debt to pay.

§

For oak and elm have pleasant leaves
  That in the spring-time shoot:
But grim to see is the gallows-tree,
  With its adder-bitten root,
And, green or dry, a man must die
  Before it bears its fruit!

The loftiest place is that seat of grace
  For which all worldlings try:
But who would stand in hempen band
  Upon a scaffold high,
And through a murderer's collar take
  His last look at the sky?

It is sweet to dance to violins
  When Love and Life are fair:
To dance to flutes, to dance to lutes
  Is delicate and rare:
But it is not sweet with nimble feet
  To dance upon the air!

So with curious eyes and sick surmise
  We watched him day by day,
And wondered if each one of us
  Would end the self-same way,
For none can tell to what red Hell
  His sightless soul may stray.

§

Y extraño era verle pasar
con un paso tan ligero y alegre
y extraño era verle mirar
con tanta avidez al día
y extraño era pensar que tenía
tal deuda por pagar.

§

Pues el roble y el olmo tienen hojas agradables
que en primavera brotan:
pero sombrío de ver es el árbol de la horca,
con su raíz mordida por la víbora,
y, verde o seco, ¡un hombre debe morir
antes de que dé su fruto!

Lo más elevado es ese lugar de gracia
al que todos los mundanos intentan llegar:
pero, ¿quién se pondría de pie en una banda de cáñamo,
sobre un alto cadalso,
y a través del dogal de asesino echar
su última mirada al cielo?

Es dulce bailar a los violines
cuando el Amor y la Vida son justos:
 ailar al son de flautas, bailar al son de laúdes
es delicado y raro:
¡pero no es dulce, con pies ágiles,
bailar sobre el aire!

Así que, con ojos curiosos y conjeturas enfermizas,
le observamos día a día
y nos preguntamos si cada uno
acabaría del mismo modo,
pues nadie puede saber a qué rojo infierno
puede extraviarse su alma ciega.

§

At last the dead man walked no more
  Amongst the Trial Men,
And I knew that he was standing up
 In the black dock's dreadful pen,
And that never would I see his face
  In God's sweet world again.

Like two doomed ships that pass in storm
  We had crossed each other's way:
But we made no sign, we said no word,
  We had no word to say;
For we did not meet in the holy night,
  But in the shameful day.

A prison wall was round us both,
  Two outcast men we were:
The world had thrust us from its heart,
  And God from out His care:
And the iron gin that waits for Sin
  Had caught us in its snare.

Al fin el hombre muerto no caminó más
entre los reos
y supe que estaba de pie
en la espantosa celda del negro banquillo
y que yo nunca volvería a ver su rostro
en el dulce mundo de Dios.

Como dos barcos condenados que pasan en la tormenta
nos habíamos cruzado en el camino:
pero no hicimos señal, no dijimos palabra,
no teníamos palabra que decir;
porque no nos encontramos en la noche santa
sino en el día vergonzoso.

Un muro de prisión nos rodeaba a ambos,
dos hombres desterrados éramos:
el mundo nos había apartado de su corazón
y Dios de su cuidado:
y el cepo de hierro que espera al Pecado
nos atrapó en su trampa.

III

IN Debtors' Yard the stones are hard,
  And the dripping wall is high,
So it was there he took the air
  Beneath the leaden sky,
And by each side a Warder walked,
  For fear the man might die.

Or else he sat with those who watched
  His anguish night and day;
Who watched him when he rose to weep,
  And when he crouched to pray,
Who watched him lest himself should rob
  Their scaffold of its prey.

The Governor was strong upon
  The Regulations Act:
The Doctor said that Death was but
  A scientific fact:
And twice a day the Chaplain called,
  And left a little tract.

And twice a day he smoked his pipe,
  And drank his quart of beer:
His soul was resolute, and held
  No hiding-place for fear;
He often said that he was glad
  The hangman's hands were near.

But why he said so strange a thing
  No Warder dared to ask:
For he to whom a watcher's doom
  Is given as his task,
Must set a lock upon his lips,
  And make his face a mask.

III

En el patio de los deudores las piedras son duras
y el muro que gotea está alto,
así que fue allí donde él tomó aire
bajo el cielo plomizo
y a cada lado caminaba un guardia,
de miedo a que el hombre muriera.

O bien se sentaba con aquellos que vigilaban
su angustia noche y día;
que lo vigilaban cuando se levantaba a llorar
y cuando se agachaba a rezar,
que lo vigilaban para que no se robara
su presa al cadalso.

El Gobernador se mostró firme sobre
el reglamento:
el Doctor decía que la Muerte no era sino
un hecho científico:
y dos veces al día el Capellán visitaba
y dejaba un pequeño tratado.

Y dos veces al día fumaba su pipa
y bebía su litro de cerveza:
su alma estaba decidida y no guardaba
ningún escondite para el miedo;
él a menudo decía que se alegraba
que las manos del verdugo se acercaran.

Pero por qué dijo una cosa tan extraña
ningún guardia se atrevió a preguntar:
porque aquel a quien el destino de guardián
le es dado como tarea
debe poner un candado en sus labios,
y hacer de su rostro una máscara.

Or else he might be moved, and try
    To comfort or console:
And what should Human Pity do
    Pent up in Murderers' Hole?
What word of grace in such a place
    Could help a brother's soul?

§

With slouch and swing around the ring
    We trod the Fools' Parade!
We did not care: we knew we were
    The Devil's Own Brigade:
And shaven head and feet of lead
    Make a merry masquerade.

We tore the tarry rope to shreds
    With blunt and bleeding nails;
We rubbed the doors, and scrubbed the floors,
    And cleaned the shining rails:
And, rank by rank, we soaped the plank,
    And clattered with the pails.

We sewed the sacks, we broke the stones,
    We turned the dusty drill:
We banged the tins, and bawled the hymns,
    And sweated on the mill:
But in the heart of every man
    Terror was lying still.

So still it lay that every day
    Crawled like a weed-clogged wave:
And we forgot the bitter lot
    That waits for fool and knave,
Till once, as we tramped in from work,
    We passed an open grave.

O bien podría conmoverse y tratar
de consolar o reconfortar:
¿y qué podía hacer la piedad humana
encerrada en el cubil del asesino?,
¿qué palabra de gracia en tal lugar
podría ayudar al alma de un hermano?

§

Con la cabeza baja y el balanceo en la ronda
¡recorrimos el Desfile de los Tontos!
No nos importaba: sabíamos que éramos
la Brigada del Diablo:
y la cabeza rapada y los pies de plomo
conforman una alegre mascarada.

Sacábamos las hebras de la cuerda alquitranada
con clavos romos y sangrantes;
frotamos las puertas y fregamos los suelos
y limpiamos los relucientes raíles:
y, fila a fila, enjabonamos el tablón
y hacíamos ruidos con los cubos.

Cosimos los sacos, quebramos las piedras,
hicimos girar el polvoriento taladro:
golpeamos las latas y berreamos los himnos
y sudamos en el molino:
pero en el corazón de cada hombre
el Terror yacía inmóvil.

Tan silencioso yacía que cada día
se arrastraba como una ola atascada de maleza:
y olvidamos la amarga suerte
que aguarda a tontos y bribones,
hasta que una vez, al volver del trabajo,
pasamos junto a una tumba abierta.

With yawning mouth the yellow hole
  Gaped for a living thing;
The very mud cried out for blood
  To the thirsty asphalte ring:
And we knew that ere one dawn grew fair
  Some prisoner had to swing.

Right in we went, with soul intent
  On Death and Dread and Doom:
The hangman, with his little bag,
  Went shuffling through the gloom:
And each man trembled as he crept
  Into his numbered tomb.

§

That night the empty corridors
  Were full of forms of Fear,
And up and down the iron town
  Stole feet we could not hear,
And through the bars that hide the stars
  White faces seemed to peer.

He lay as one who lies and dreams
  in a pleasant meadow-land,
The watchers watched him as he slept,
  And could not understand
How one could sleep so sweet a sleep
  With a hangman close at hand.

But there is no sleep when men must weep
  Who never yet have wept:
So we—the fool, the fraud, the knave—
  That endless vigil kept,
And through each brain on hands of pain
  Another's terror crept.

§

Con la boca bostezando el agujero amarillo
reclamaba algo vivo;
el barro mismo pidió sangre
al sediento patio de asfalto:
y sabíamos que, antes de que haya otro hermoso amanecer
algún prisionero tenía que columpiarse.

Entramos, con el alma absorta
en la Muerte y el Pavor y la Perdición:
el verdugo, con su pequeña bolsa,
avanzó arrastrando los pies por la penumbra:
y cada hombre temblaba mientras se arrastraba
hacia su tumba numerada.

§

Aquella noche los pasillos vacíos
estaban llenos de formas de Miedo
y arriba y abajo de la ciudad de hierro
pisaban pies que no podíamos oír
y a través de los barrotes que ocultan las estrellas
rostros blancos parecían asomarse.

Yacía como quien se acuesta y sueña
en un agradable prado,
los vigilantes le observaban mientras dormía
y no podían entender
cómo se podía dormir un sueño tan dulce
con un verdugo cerca.

Pero no hay sueño cuando deben llorar los hombres
que nunca aún han llorado:
Así que nosotros —el tonto, el farsante, el bribón—
esa vigilia interminable mantuvimos
y a través de cada cerebro, en manos de dolor,
el terror de cada uno se arrastró.

§

Alas! it is a fearful thing
  To feel another's guilt!
For, right within, the sword of Sin
  Pierced to its poisoned hilt,
And as molten lead were the tears we shed
  For the blood we had not spilt.

The Warders with their shoes of felt
  Crept by each padlocked door,
And peeped and saw, with eyes of awe,
  Gray figures on the floor,
And wondered why men knelt to pray
  Who never prayed before.

All through the night we knelt and prayed,
  Mad mourners of a corse!
The troubled plumes of midnight were
  The plumes upon a hearse:
And bitter wine upon a sponge
  Was the savour of Remorse.

§

The gray cock crew, the red cock crew,
  But never came the day:
And crooked shapes of Terror crouched,
  In the corners where we lay:
And each evil sprite that walks by night
  Before us seemed to play.

They glided past, they glided fast,
  Like travellers through a mist:
They mocked the moon in a rigadoon
  Of delicate turn and twist,
And with formal pace and loathsome grace
  The phantoms kept their tryst.

¡Ay! es una cosa temible
sentir la culpa de otro,
porque, justo dentro, la espada del Pecado
atravesó hasta su empuñadura envenenada
y como plomo fundido fueron las lágrimas que derramamos
por la sangre que no habíamos vertido.

Los guardias con sus zapatos de fieltro
se arrastraban junto a cada puerta cerrada con candado
y espiaban y veían, con ojos de asombro,
figuras grises en el suelo
y se preguntaban por qué se arrodillaban a rezar hombres
que nunca antes habían rezado.

Durante toda la noche nos arrodillamos y rezamos,
¡locos dolientes de un cadáver!
Los atribulados penachos de medianoche fueron
los penachos sobre un coche fúnebre:
y el vino amargo sobre una esponja
era el sabor del Remordimiento.

§

El gallo gris cantó, el gallo rojo cantó,
pero nunca llegó el día:
y torcidas formas de Terror se agazapaban
en los rincones donde yacíamos:
y los espíritus malignos que caminan de noche
ante nosotros parecían jugar.

Pasaron deslizándose, se deslizaron rápido,
como viajeros a través de la niebla:
se burlaron de la luna en un rigodón
de delicados giros y torsiones
y con paso formal y gracia repugnante
los fantasmas mantuvieron su cita.

With mop and mow, we saw them go,
  Slim shadows hand in hand:
About, about, in ghostly rout
  They trod a saraband:
And the damned grotesques made arabesques,
  Like the wind upon the sand!

With the pirouettes of marionettes,
  They tripped on pointed tread:
But with flutes of Fear they filled the ear,
  As their grisly masque they led,
And loud they sang, and long they sang,
  For they sang to wake the dead.

"Oho!" they cried, *"The world is wide,*
  But fettered limbs go lame!
And once, or twice, to throw the dice
  Is a gentlemanly game,
But he does not win who plays with Sin
  In the secret House of Shame."

§

No things of air these antics were,
  That frolicked with such glee:
To men whose lives were held in gyves,
  And whose feet might not go free,
Ah! wounds of Christ! they were living things,
  Most terrible to see.

Around, around, they waltzed and wound;
  Some wheeled in smirking pairs;
With the mincing step of a demirep
  Some sidled up the stairs:
And with subtle sneer, and fawning leer,
  Each helped us at our prayers.

§

Con fregona y segadora, los vimos marchar,
esbeltas sombras, de la mano:
Alrededor, alrededor, en fantasmal hilera
bailaban una zarabanda:
¡y los malditos, grotescos, hacían arabescos,
como el viento sobre la arena!

Con las piruetas de las marionetas
tropezaron con pisadas puntiagudas:
pero con flautas de Miedo llenaban el oído,
mientras conducían su espeluznante mascarada,
y alto cantaban y sin parar cantaban,
pues cantaban para despertar a los muertos.

«¡Yuhu!», gritaban, *«¡El mundo es ancho*
pero los miembros encadenados van cojos!
Y una vez, o dos, tirar los dados
es un juego de caballeros,
pero no gana quien juega con el Pecado
en la secreta Casa de la Vergüenza».

§

No eran seres del aire estos saltimbanquis
que retozaban con tal regocijo:
para los hombres cuyas vidas estaban en grilletes
y cuyos pies no podrían ir libres,
¡ah, heridas de Cristo!, eran cosas vivas,
las más terribles de ver.

Alrededor, alrededor, bailaban el vals y daban vueltas;
algunos giraban en parejas sonrientes;
con el paso torpe de una mujer de quién se duda,
algunos subían de reojo las escaleras:
y con sutil sorna y aduladora mirada de soslayo
cada uno nos ayudó en nuestras oraciones.

§

The morning wind began to moan,
  But still the night went on:
Through its giant loom the web of gloom
  Crept till each thread was spun:
And, as we prayed, we grew afraid
  Of the Justice of the Sun.

The moaning wind went wandering round
  The weeping prison-wall:
Till like a wheel of turning steel
  We felt the minutes crawl:
O moaning wind! what had we done
  To have such a seneschal?

At last I saw the shadowed bars,
  Like a lattice wrought in lead,
Move right across the whitewashed wall
  That faced my three-plank bed,
And I knew that somewhere in the world
  God's dreadful dawn was red.

§

At six o'clock we cleaned our cells,
  At seven all was still,
But the sough and swing of a mighty wing
  The prison seemed to fill,
For the Lord of Death with icy breath
  Had entered in to kill.

He did not pass in purple pomp,
  Nor ride a moon-white steed.
Three yards of cord and a sliding board
  Are all the gallows' need:
So with rope of shame the Herald came
  To do the secret deed.

§

El viento de la mañana comenzó a gemir
pero aún así continuó la noche:
a través de su telar gigante la telaraña de la penumbra
se arrastró hasta hilar cada hilo:
y, mientras rezábamos, crecía nuestro miedo
a la Justicia del Sol.

El viento gimiente vagaba alrededor
del muro de la prisión llorosa:
hasta que como una rueda de acero giratoria
sentimos los minutos arrastrarse:
¡Oh, viento gimiente! ¿Qué habíamos hecho
para tener semejante senescal?

Por fin vi los barrotes ensombrecidos,
como una celosía forjada de plomo,
moverse a través de la pared blanqueada
que daba a mi cama de tres tablas
y supe que en algún lugar del mundo
el espantoso amanecer de Dios era rojo.

§

A las seis limpiamos nuestras celdas,
a las siete todo estaba quieto,
pero del susurro y del balanceo de un ala poderosa
la prisión parecía llenarse,
pues el Señor de la Muerte con aliento helado
había entrado a matar.

No pasó en pompa púrpura,
ni montó un corcel blanco como la luna.
Tres yardas de cuerda y una tabla corrediza
es todo lo que necesita la horca:
así que con la cuerda de la vergüenza el Heraldo vino
a realizar la hazaña secreta.

§

We were as men who through a fen
  Of filthy darkness grope:
We did not dare to breath a prayer,
  Or to give our anguish scope:
Something was dead in each of us,
  And what was dead was Hope.

For Man's grim Justice goes its way,
  And will not swerve aside:
It slays the weak, it slays the strong,
  It has a deadly stride:
With iron heel it slays the strong,
  The monstrous parricide!

§

We waited for the stroke of eight:
  Each tongue was thick with thirst:
For the stroke of eight is the stroke of Fate
  That makes a man accursed,
And Fate will use a running noose
  For the best man and the worst.

We had no other thing to do,
  Save to wait for the sign to come:
So, like things of stone in a valley lone,
  Quiet we sat and dumb:
But each man's heart beat thick and quick,
  Like a madman on a drum!

§

With sudden shock the prison-clock
  Smote on the shivering air,
And from all the gaol rose up a wail
  Of impotent despair,
Like the sound that frightened marshes hear
  From some leper in his lair.

Éramos como hombres que a través de un pantano
de inmunda oscuridad van a tientas:
no nos atrevíamos a exhalar una plegaria
ni a dar alcance a nuestra angustia:
algo estaba muerto en cada uno de nosotros
y lo que estaba muerto era la Esperanza.

Pues la sombría Justicia del Hombre sigue su camino
y no se desviará:
mata al débil, mata al fuerte,
tiene una zancada mortal:
con talón de hierro mata al fuerte,
¡el monstruoso parricida!

§

Esperamos a que dieran las ocho:
cada lengua estaba espesa de sed:
porque el golpe de las ocho es el golpe del Destino
que hace maldito a un hombre,
y el Destino usará un lazo corredizo
para el mejor hombre y el peor.

No teníamos otra cosa que hacer,
salvo esperar a que llegara la señal:
así que, como cosas de piedra en un valle solitario,
callados y mudos nos sentamos:
pero el corazón de cada hombre latía grave y rápido,
¡como un loco sobre un tambor!

§

Con súbita sacudida el reloj de la prisión
golpeó el aire tembloroso
y de toda la cárcel se elevó un gemido
de impotente desesperación,
como el sonido que los pantanos asustados oyen
de algún leproso en su guarida.

And as one sees most fearful things
  In the crystal of a dream,
We saw the greasy hempen rope
  Hooked to the blackened beam,
And heard the prayer the hangman's snare
  Strangled into a scream.

And all the woe that moved him so
  That he gave that bitter cry,
And the wild regrets, and the bloody sweats,
  None knew so well as I:
For he who lives more lives than one
  More deaths than one must die.

Y, como se ven las cosas más temibles
en el cristal de un sueño,
vimos la grasienta cuerda de cáñamo
enganchada a la viga ennegrecida
y oímos la plegaria que el lazo del verdugo
estranguló en un grito.

Y toda la aflicción que lo conmovió tanto,
que le hizo dar el grito amargo,
y los remordimientos salvajes, y los sudores sangrientos,
nadie los supo tan bien como yo:
porque quien vive más de una vida
más de una muerte debe morir.

IV

THERE is no chapel on the day
  On which they hang a man:
The Chaplain's heart is far too sick,
  Or his face is far too wan,
Or there is that written in his eyes
  Which none should look upon.

So they kept us close till nigh on noon,
  And then they rang the bell,
And the Warders with their jingling keys
  Opened each listening cell,
And down the iron stair we tramped,
  Each from his separate Hell.

Out into God's sweet air we went,
  But not in wonted way,
For this man's face was white with fear,
  And that man's face was gray,
And I never saw sad men who looked
  So wistfully at the day.

I never saw sad men who looked
  With such a wistful eye
Upon that little tent of blue
  We prisoners called the sky,
And at every careless cloud that passed
  In happy freedom by.

But there were those amongst us all
  Who walked with downcast head,
And knew that, had each got his due,
  They should have died instead:
He had but killed a thing that lived,
  Whilst they had killed the dead.

IV

No se celebran oficios el día
en que cuelgan a un hombre:
el corazón del capellán está demasiado enfermo
o su rostro está demasiado pálido
o hay algo escrito en sus ojos
que nadie debería mirar.

Así que nos encerraron hasta casi el mediodía
y entonces tocaron la campana
y los guardianes con sus llaves tintineantes
abrieron cada celda a la espera
y por la escalera de hierro bajamos,
cada uno desde su Infierno separado.

Salimos al dulce aire de Dios
pero no de la manera acostumbrada,
porque el rostro de este hombre estaba blanco de miedo
y el rostro de aquel hombre estaba gris
y nunca vi hombres tristes que miraran
con tanta avidez al día.

Nunca vi hombres tristes que miraran
con ojos tan ávidos
a ese pequeño toldo azul
que nosotros, los prisioneros, llamamos cielo
y a cada nube que pasaba con descuido
en feliz libertad.

Pero había entre todos nosotros
quienes caminaban con la cabeza gacha
y sabían que, de haber recibido cada uno lo suyo,
ellos deberían haber muerto en su lugar:
él sólo había matado una cosa que vivía,
mientras que ellos habían matado a los muertos.

For he who sins a second time
  Wakes a dead soul to pain,
And draws it from its spotted shroud,
  And makes it bleed again,
And makes it bleed great gouts of blood,
  And makes it bleed in vain!

§

Like ape or clown, in monstrous garb
  With crooked arrows starred,
Silently we went round and round
  The slippery asphalte yard;
Silently we went round and round,
  And no man spoke a word.

Silently we went round and round,
  And through each hollow mind
The Memory of dreadful things
  Rushed like a dreadful wind,
And Horror stalked before each man,
  And Terror crept behind.

§

The Warders strutted up and down,
  And kept their herd of brutes,
Their uniforms were pick and span,
  And they wore their Sunday suits,
But we knew the work they had been at,
  By the quicklime on their boots.

For where a grave had opened wide,
  There was no grave at all:
Only a stretch of mud and sand
  By the hideous prison-wall,
And a little heap of burning lime,
  That the man should have his pall.

Porque el que peca por segunda vez
despierta al dolor a un alma muerta
y la saca de su manchada mortaja
y la hace sangrar de nuevo
y la hace sangrar grandes borbotones de sangre
y la hace sangrar en vano.

§

Como simios o payasos, con atuendos monstruosos,
con flechas torcidas estrelladas,
en silencio dimos vueltas y vueltas
al resbaladizo patio de asfalto;
en silencio dimos vueltas y vueltas
y ningún hombre dijo una palabra.

Silenciosamente dimos vueltas y vueltas
y, a través de cada mente hueca,
el recuerdo de cosas espantosas
corrió como un viento espantoso
y el Horror acechó delante de cada hombre
y el Terror se arrastró por detrás.

§

Los vigilantes se pavoneaban arriba y abajo
y custodiaban su manada de brutos,
sus uniformes estaban impecables
y llevaban sus trajes de domingo,
pero sabíamos el trabajo que habían hecho
por la cal viva de sus botas.

Pues donde había abierta una tumba de par en par,
no había tumba alguna:
sólo una extensión de barro y arena
junto al horrible muro de la prisión
y un pequeño montón de cal ardiente,
para que aquel hombre tuviera su sudario.

For he has a pall, this wretched man,
    Such as few men can claim:
Deep down below a prison-yard,
    Naked for greater shame,
He lies, with fetters on each foot,
    Wrapt in a sheet of flame!

And all the while the burning lime
    Eats flesh and bone away,
It eats the brittle bone by night,
    And the soft flesh by day,
It eats the flesh and bone by turns,
    But it eats the heart alway.

§

For three long years they will not sow
    Or root or seedling there:
For three long years the unblessed spot
    Will sterile be and bare,
And look upon the wondering sky
    With unreproachful stare.

They think a murderer's heart would taint
    Each simple seed they sow.
It is not true! God's kindly earth
    Is kindlier than men know,
And the red rose would but blow more red,
    The white rose whiter blow.

Out of his mouth a red, red rose!
    Out of his heart a white!
For who can say by what strange way,
    Christ brings His will to light,
Since the barren staff the pilgrim bore
    Bloomed in the great Pope's sight?

§

Porque él tiene un sudario, este hombre desdichado,
Tal como pocos hombres pueden reclamar:
¡En las profundidades de una prisión,
desnudo, para mayor vergüenza,
yace, con grilletes en cada pie,
envuelto en una sábana de llamas!

Y todo el tiempo la cal ardiente
come la carne y el hueso,
come el hueso quebradizo de noche,
y la carne blanda de día,
come la carne y el hueso por turnos,
pero come el corazón siempre.

§

Por tres largos años no sembrarán
allí ni raíz ni plantín:
Por tres largos años el lugar no bendecido
será estéril y estará desnudo
y mirará al cielo maravillado
con mirada irreprochable.

Piensan que el corazón de un asesino manchará
cada simple semilla que siembran.
¡No es verdad! La bondadosa tierra de Dios
es más bondadosa de lo que los hombres saben
y la rosa roja sólo brotaría más roja,
la rosa blanca brotaría más blanca.

¡De su boca una rosa roja, roja!
¡De su corazón una blanca!
Porque, ¿quién puede decir por cuál extraño camino,
Cristo saca a la luz su voluntad,
dado que el estéril bastón que llevaba el peregrino
floreció a la vista del gran Papa?

§

But neither milk-white rose nor red
　　May bloom in prison air;
The shard, the pebble, and the flint,
　　Are what they give us there:
For flowers have been known to heal
　　A common man's despair.

So never will wine-red rose or white,
　　Petal by petal, fall
On that stretch of mud and sand that lies
　　By the hideous prison-wall,
To tell the men who tramp the yard
　　That God's Son died for all.

§

Yet though the hideous prison-wall
　　Still hems him round and round,
And a spirit may not walk by night
　　That is with fetters bound,
And a spirit may but weep that lies
　　In such unholy ground.

He is at peace—this wretched man—
　　At peace, or will be soon:
There is no thing to make him mad,
　　Nor does Terror walk at noon,
For the lampless Earth in which he lies
　　Has neither Sun nor Moon.

§

They hanged him as a beast is hanged:
　　They did not even toll
A requiem that might have brought
　　Rest to his startled soul,
But hurriedly they took him out,
　　And hid him in a hole.

Pero ni rosa blanca como la leche ni roja
pueden florecer en el aire de la prisión;
el cascote, el guijarro y el pedernal
son lo que nos dan allí:
porque se sabe que las flores curan
la desesperación de un hombre común.

Así que nunca rosa roja como el vino, o blanca,
pétalo a pétalo caerá
sobre esa extensión de barro y arena que yace
junto al horrible muro de la prisión,
para decir a los hombres que deambulan por el patio
que el Hijo de Dios murió por todos.

§

Sin embargo, aunque el horrible muro de la prisión
todavía lo rodea y lo rodea
y un espíritu no puede caminar por la noche
si tiene los grilletes atados
y un espíritu no puede sino llorar si yace
en un suelo tan impío.

Está en paz —este desdichado hombre—,
en paz, o lo estará pronto:
no hay nada que le haga enloquecer,
ni el Terror camina al mediodía,
pues la Tierra sin lágrimas en la que yace
no tiene Sol o Luna.

§

Lo ahorcaron como se ahorca a una bestia:
ni siquiera tocaron
un réquiem que pudiera traer
descanso a su alma sobresaltada,
sino que con prisa lo sacaron
y lo escondieron en un agujero.

They stripped him of his canvas clothes,
　And gave him to the flies:
They mocked the swollen purple throat,
　And the stark and staring eyes:
And with laughter loud they heaped the shroud
　in which their convict lies.

The Chaplain would not kneel to pray
　By his dishonoured grave:
Nor mark it with that blessed Cross
　That Christ for sinners gave,
Because the man was one of those
　Whom Christ came down to save.

Yet all is well; he has but passed
　To Life's appointed bourne:
And alien tears will fill for him
　Pity's long-broken urn,
For his mourners will be outcast men,
　And outcasts always mourn.

Le despojaron de sus ropas de lona
y se las entregaron a las moscas:
se burlaron de la hinchada garganta púrpura
y de los ojos descarnados y fijos:
y con sonoras carcajadas amontonaron el sudario
en que yace su convicto.

El Capellán no se arrodillaría a rezar
junto a su tumba deshonrada:
ni a marcarla con esa bendita Cruz
que Cristo por los pecadores dio,
porque el hombre era uno de aquellos
a quienes Cristo descendió a salvar.

Sin embargo, todo está bien; no ha hecho más que pasar
al camino señalado de la vida:
y lágrimas ajenas llenarán por él
la urna rota de piedad,
porque sus dolientes serán hombres marginados
y los marginados siempre lloran.

V

I KNOW not whether Laws be right,
  Or whether Laws be wrong;
All that we know who lie in gaol
  Is that the wall is strong;
And that each day is like a year,
  A year whose days are long.

But this I know, that every Law
  That men have made for Man,
Since first Man took his brother's life,
  And the sad world began,
But straws the wheat and saves the chaff
  With a most evil fan.

This too I know—and wise it were
  If each could know the same—
That every prison that men build
  Is built with bricks of shame,
And bound with bars lest Christ should see
  How men their brothers maim.

With bars they blur the gracious moon,
  And blind the goodly sun:
And they do well to hide their Hell,
  For in it things are done
That Son of God nor son of Man
  Ever should look upon!

§

The vilest deeds like poison weeds
  Bloom well in prison-air:
It is only what is good in Man
  That wastes and withers there:
Pale Anguish keeps the heavy gate,
  And the Warder is Despair.

V

No sé si las Leyes están bien,
o si las Leyes están mal;
todo lo que sabemos quienes yacemos en la cárcel
es que el muro es fuerte
y que cada día es como un año,
un año cuyos días son largos.

Pero esto sé, que cada Ley
que los hombres han hecho para el Hombre,
desde que el primer Hombre tomó la vida de su hermano
y el triste mundo comenzó,
no hace sino rechazar el trigo y guardar la paja
con un perverso cedazo.

Esto también sé —y sabio sería
si cada uno pudiera saberlo—:
que cada prisión que los hombres construyen
está construida con ladrillos de vergüenza
y cercada con barrotes para que Cristo no vea
cómo mutilan a los hombres sus hermanos.

Con barrotes empañan la graciosa luna
y ciegan el bondadoso sol:
y hacen bien en ocultar su Infierno,
¡pues en él se hacen cosas
que ni el Hijo de Dios, ni el Hijo del Hombre
deberían ver jamás!

§

Las acciones más viles, como malas hierbas venenosas,
florecen bien en el aire de la prisión:
es sólo lo que hay de bueno en el Hombre
lo que allí se desperdicia y marchita:
la pálida Angustia guarda la pesada puerta,
y el Guarda es la Desesperación.

For they starve the little frightened child
   Till it weeps both night and day:
And they scourge the weak, and flog the fool,
   And gibe the old and gray,
And some grow mad, and all grow bad,
   And none a word may say.

Each narrow cell in which we dwell
   Is a foul and dark latrine,
And the fetid breath of living Death
   Chokes up each grated screen,
And all, but Lust, is turned to dust
   In Humanity's machine.

The brackish water that we drink
   Creeps with a loathsome slime,
And the bitter bread they weigh in scales
   Is full of chalk and lime,
And Sleep will not lie down, but walks
   Wild-eyed, and cries to Time.

§

But though lean Hunger and green Thirst
   Like asp with adder fight,
We have little care of prison fare,
   For what chills and kills outright
Is that every stone one lifts by day
   Becomes one's heart by night.

With midnight always in one's heart,
   And twilight in one's cell,
We turn the crank, or tear the rope,
   Each in his separate Hell,
And the silence is more awful far
   Than the sound of a brazen bell.

Porque matan de hambre al pequeño niño asustado
hasta que llora noche y día:
y azotan al débil y azotan al tonto
y azotan al viejo y canoso
y algunos se vuelven locos y todos se vuelven malos
y ninguno puede decir una palabra.

Cada estrecha celda en la que moramos
es una letrina fétida y oscura
y el fétido aliento de la Muerte viviente
ahoga cada rejilla
y todo, excepto la Lujuria, se convierte en polvo
en la máquina de la Humanidad.

El agua salobre que bebemos
brota con un limo repugnante
y el pan amargo que pesan en balanzas
está lleno de tiza y cal
y el Sueño no se acuesta, sino que camina
con los ojos salvajes y grita al Tiempo.

§

Pero aunque el magro Hambre y la verde Sed
como el áspid con la víbora luchan,
poco nos importa la comida de la prisión,
pues lo que hiela y mata rotundamente
es que cada piedra que uno levanta de día
se convierte en su corazón de noche.

Con la medianoche siempre en el corazón
y el crepúsculo en la celda
giramos la manivela, o desgarramos la soga,
cada uno en su Infierno separado
y el silencio es de lejos más horrible
que el sonido de una campana de bronce.

And never a human voice comes near
  To speak a gentle word:
And the eye that watches through the door
  Is pitiless and hard:
And by all forgot, we rot and rot,
  With soul and body marred.

And thus we rust Life's iron chain
  Degraded and alone:
And some men curse, and some men weep,
  And some men make no moan:
But God's eternal Laws are kind
  And break the heart of stone.

§

And every human heart that breaks,
  In prison-cell or yard,
Is as that broken box that gave
  Its treasure to the Lord,
And filled the unclean leper's house
  With the scent of costliest nard.

Ah! happy they whose hearts can break
  And peace of pardon win!
How else may man make straight his plan
  And cleanse his soul from Sin?
How else but through a broken heart
  May Lord Christ enter in?

And he of the swollen purple throat,
  And the stark and staring eyes,
Waits for the holy hands that took
  The Thief to Paradise;
And a broken and a contrite heart
  The Lord will not despise.

Y nunca una voz humana se acerca
para decir una palabra gentil:
y el ojo que mira a través de la puerta
es despiadado y duro:
y por todos olvidados, nos pudrimos y nos pudrimos,
con el alma y el cuerpo estropeados.

Y así oxidamos la cadena de hierro de la Vida
degradados y solos:
y algunos hombres maldicen y algunos hombres lloran
y algunos hombres no emiten gemido:
pero las Leyes eternas de Dios son bondadosas
y rompen el corazón de piedra.

§

Y cada corazón humano que se rompe
en la celda de la prisión o en el patio
es como ese cofre roto que dio
su tesoro al Señor
y llenó la casa del leproso impuro
con el aroma del nardo más costoso.

¡Ah, felices aquellos cuyos corazones pueden quebrarse
y ganar la paz del perdón!
¿De qué otro modo puede el hombre realizar su plan
y limpiar su alma del Pecado?
¿De qué otra manera sino con un corazón quebrantado
puede entrar Cristo el Señor?

Y aquél con la garganta púrpura e hinchada
y los ojos descarnados y fijos
espera las manos santas que llevaron
al Ladrón al Paraíso;
y un corazón quebrantado y contrito
el Señor no despreciará.

The man in red who reads the Law
  Gave him three weeks of life,
Three little weeks in which to heal
  His soul of his soul's strife,
And cleanse from every blot of blood
  The hand that held the knife.

And with tears of blood he cleansed the hand,
  The hand that held the steel:
For only blood can wipe out blood,
  And only tears can heal:
And the crimson stain that was of Cain
  Became Christ's snow-white seal.

El hombre de rojo que lee la Ley
le dio tres semanas de vida,
tres pequeñas semanas en las que curar
su alma de la lucha con su alma
y limpiar de toda mancha de sangre
la mano que sostenía el cuchillo.

Y con lágrimas de sangre limpió la mano,
la mano que sostenía el acero:
porque sólo la sangre puede limpiar la sangre
y sólo las lágrimas pueden curar:
y la mancha carmesí que era de Caín
se convirtió en el sello blanco como la nieve de Cristo.

IN Reading gaol by Reading town
　　There is a pit of shame,
And in it lies a wretched man
　　Eaten by teeth of flame,
In a burning winding-sheet he lies,
　　And his grave has got no name.

And there, till Christ call forth the dead,
　　In silence let him lie:
No need to waste the foolish tear,
　　Or heave the windy sigh:
The man had killed the thing he loved,
　　And so he had to die.

And all men kill the thing they love,
　　By all let this be heard,
Some do it with a bitter look,
　　Some with a flattering word,
The coward does it with a kiss,
　　The brave man with a sword!

VI

En la cárcel de Reading, en la ciudad de Reading,
hay una fosa de vergüenza
y en ella yace un desdichado,
comido por los dientes de las llamas,
en una sábana ardiente yace
y su tumba no tiene nombre.

Y allí, hasta que Cristo llame a los muertos,
en silencio déjalo yacer:
no hay necesidad de gastar la lágrima tonta,
o lanzar el suspiro como viento:
el hombre había matado lo que amaba,
y por eso debía morir.

Y todos los hombres matan lo que aman,
que todos lo oigan,
algunos lo hacen con una mirada amarga,
otros con una palabra halagadora,
el cobarde lo hace con un beso,
¡el valiente con una espada!

Rosetta Edu

CLÁSICOS EN ESPAÑOL

Esperamos que haya disfrutado esta lectura. ¿Quiere leer otra obra de nuestra colección de *Clásicos en español*?

En nuestro Club del Libro encontrarás artículos relacionados con los libros que publicamos y la literatura en general. ¡Suscríbete en nuestra página web y te ofrecemos un ebook gratis por mes!

Recibe tu copia totalmente gratuita de nuestro *Club del libro* en rosettaedu.com/pages/club-del-libro

Rosetta Edu

CLÁSICOS EN ESPAÑOL

Una habitación propia se estableció desde su publicación como uno de los libros fundamentales del feminismo. Basado en dos conferencias pronunciadas por Virginia Woolf en colleges para mujeres y ampliado luego por la autora, el texto es un testamento visionario, donde tópicos característicos del feminismo por casi un siglo son expuestos con claridad tal vez por primera vez.

Oscar Wilde escribe una sola novela, *El retrato de Dorian Gray*, ésta fue el objeto de una crítica moralizante mordaz por parte de sus contemporáneos que no pudieron ver que dentro de una trama perfectamente compuesta se escondía toda la tragedia del romanticismo. Cien años después no ha perdido su impacto original y sigue siendo un texto fundamental para los debates sobre la estética y la moral.

Otra vuelta de tuerca es una de las novelas de terror más difundidas en la literatura universal y cuenta una historia absorbente, siguiendo a una institutriz a cargo de dos niños en una gran mansión en la campiña inglesa que parece estar embrujada. Los detalles de la descripción y la narración en primera persona van conformando un mundo que puede inspirar genuino terror.

rosettaedu.com

Rosetta Edu

EDICIONES BILINGÜES

En una atmósfera constante de misterio y amenaza, *El corazón de las tinieblas* narra el peligroso viaje de Marlow por un río (sin duda el Congo aunque no es nombrado en el relato) africano. Lo que el marino puede observar en su viaje le horroriza, le deja perplejo, y pone en tela de juicio las bases mismas de la civilización y la naturaleza humana.

Durante décadas, y acercándose a su centenario, *El gran Gatsby* ha sido considerada una obra maestra de la literatura y candidata al título de «Gran novela americana» por su dominio al mostrar la pura identidad americana junto a un estilo distinto y maduro. La edición bilingüe permite apreciar los detalles del texto original y constituye un paso obligado para aprender el inglés en profundidad.

En *La señora Dalloway* Virginia Woolf relata un día en la vida de Clarissa Dalloway, una señora de la clase alta casada con un miembro del parlamento inglés, y de un ex-combatiente que lucha contra su enfermedad mental. La innovación de la novela es la corriente de consciencia: Woolf sigue el pensamiento de cada personaje, siendo excelente a la hora de narrar emociones, asociaciones y sentimientos.

rosettaedu.com

Printed in Great Britain
by Amazon